Selvaggia Lucarelli

Dieci piccoli infami

*Gli sciagurati incontri
che ci rendono persone peggiori*

Rizzoli

Proprietà letteraria riservata
© 2017 Rizzoli Libri S.p.A. / Rizzoli

ISBN 978-88-17-09697-3

Prima edizione: luglio 2017
Seconda edizione: luglio 2017
Terza edizione: luglio 2017
Quarta edizione: agosto 2017

Realizzazione editoriale: Librofficina

Dieci piccoli infami

*A Lorenzo, perché se non avessi desiderato stare
con lui, avrei desiderato essere come lui.
E a Leon, perché dopo essere stato il mio bambino
preferito, è ufficialmente il mio adolescente preferito.*

«Non vediamo le cose per come sono,
ma per come siamo.»

Introduzione

Ho scritto questo libro perché avevo bisogno di mettere a posto delle cose. Perché a quarantadue anni suonati mi capitava (e mi capita ancora) di svegliarmi nel cuore della notte in piena sindrome abbandonica dopo aver sognato la mia migliore amica delle elementari Susanna che mi declassa a "una delle tante compagne di classe". O il tizio con la Mini grigia che conserva lettere profumate di bambine nel cruscotto. Perché, anche senza risvegli notturni, mi capita spesso di pensare al ragazzo di Masada con cui in quattro minuti di chiacchiere avevo immaginato una vita felice e piena di figli, al mito dei quindici anni che ha assassinato clamorose fantasie adolescenziali o a un parrucchiere anarchico su cui ho riversato due mesi di maledizioni voodoo.

Insomma, ho scritto questo libro perché dieci dei piccoli infami che ho incrociato nella mia vita meritavano una resa dei conti. Almeno letteraria. Ed è per questo che ne troverete uno per ogni capitolo.

Alcuni di loro si riconosceranno, qualcuno neppure si ricorderà di avermi incontrata, qualcuno avrà una sua versione dei fatti. Naturalmente falsa. Qualcuno, forse, troverà che la realtà sia ben miscelata alla fantasia e in effetti in qualche caso è così, ma la sostanza è reale eccome: sono i dieci piccoli infami che per un giorno o tutta la vita hanno contribuito a rendermi una persona peggiore.

Questo libro è per loro. E anche un po' per me che finalmente lo posso dichiarare nero su bianco, senza vergognarmi della mia meschinità: no, non vi ho perdonato, belli miei.

Se l'avessi fatto, questo libro sarebbe dedicato alle dieci persone meravigliose in cui mi sono imbattuta, io sarei una suora misericordiosa anziché una rinomata stronza e, diciamolo, questo scritto sarebbe molto meno liberatorio e molto, molto meno divertente.

Susanna Di Lello

Ho conosciuto Susanna Di Lello in prima elementare. Lei era biondissima, quasi albina, e questo la rendeva carina ad honorem perché si sa, una bambina bionda viene meglio nelle foto di classe, somiglia alle bambine sulle scatole dei giocattoli e sembra in qualche modo predestinata a una vita più fortunata della tua, almeno finché non scopri l'esistenza della decolorazione.

Io, in compenso, ero abbastanza scialba. Castana tonalità pozzanghera, guance gonfiate a elio e l'altezza del ripiano per gli astucci, diciamo che nella mia classe era più facile notare la cimice sulla finestra che me. Non ero brutta. Ero la più bassa, la più povera in una scuola di ricchi, la più secchiona in una scuola di intelligenti che campavano di rendita e in più avevo un neo sulla guancia destra che dopo i sedici anni per i coetanei di sesso maschile sarebbe diventato "sexy", ma a quell'età, per i coetanei di sesso maschile, era: «Cos'hai in faccia? Cacca di topo?».

Ma torniamo a Susanna. Con lei fu amicizia a prima vista. Facevamo tutte le cose sceme che fanno le bambine a quell'età: ci vestivamo allo stesso modo come le gemelline di *Shining*, ci imbrattavamo reciprocamente i diari di frasi da bimbominkia, ci ritagliavamo pomeriggi di studio insieme in cui immaginavamo un futuro bucolico in una casa comune in cui i nostri rispettivi mariti sarebbero andati a pesca mentre noi sfamavamo polli e caprette e poi parlavamo al telefono di casa almeno per un'ora al giorno. Finivo di pranzare alle due e alle due e dieci arrivava la chiamata di Susanna. Non ho idea di cosa ci dicessimo, so solo che a sei anni avevamo più argomenti io e lei che il novanta per cento delle coppie sposate. Per me poi, che avevo sempre vissuto in un microcosmo nella periferia della periferia di Civitavecchia in cui ci si conosceva tutti come nelle tribù cannibali della Nuova Guinea, l'impatto con l'amicizia fu esaltante. Sì, avevo avuto qualche altra amica, ma erano stati legami geografici. Visto che la mia piccola borgata in mezzo alla campagna distava sette chilometri dalla civiltà, il massimo della vita sociale a cui avevo potuto ambire, prima di Susanna, era stato scendere in strada e schiacciare pinoli sull'asfalto a colpi di pietra con l'unica coetanea vicina di casa, Nicoletta. Le altre nostre appassionanti attività, all'epoca, erano: "Caccia alla processionaria", ovvero "Trova una fila di lepidotteri urticanti e dalle fuoco con un cerino!". E naturalmente "Uno due tre stella" in cui però a giocare eravamo sempre in due e quindi finiva puntualmente con liti furibonde perché «Tu ti volti prima di finire la parola "stella"» e «Tu fai i passi troppo lunghi» per poi andare sul personale con affermazioni lesive delle reciproche dignità quali «La tua Barbie fa schifo» e «Parli tu che hai la Barbie tarocca ed è piena di cellulite sulle gambe!», «Non è cellulite, è che quando la stringo la plastica poi non ritorna liscia!», «Certo, perché è tarocca, si chiama Sbarbi!», «E quindi? Tu a Natale ti sei fatta regalare Skipper! SKIPPER, ti rendi conto, la sorella sfigata di Barbie, quella talmente brutta che ora la mettono nella scatola con la plastica oscurata!», «E tu hai truccato il camion dei pompieri di tuo fratello da camper e dici che è il camper di Barbie e Ken!», «Ridicola!», «Buffona!».

Insomma, finiva sempre malissimo, solo che l'alternativa alla nostra amicizia era trascorrere intere giornate con l'amico immaginario e voi capite che questi sono i presupposti per crescere borderline e sociopatici, rischi che tutto sommato sia io che Nicoletta abbiamo schivato fino a un certo punto.

Io e Susanna, invece, non ci eravamo "capitate", ci eravamo scelte. Geograficamente svantaggiate (abitavamo a otto chilometri l'una dall'altra), eravamo comunque riuscite ad abbattere la distanza grazie ai pullman, ai passaggi dei papà, al telefono e agli incontri quotidiani a scuola. Durante l'estate, Susanna mi mancava moltissimo. Lei a giugno partiva per l'isola d'Elba, dove aveva una casa, e io la rivedevo a settembre. Ricordo giornate afose e struggenti nell'attesa di una sua cartolina con la foto di una spiaggia bianca e il retro infestato da cuoricini e fiorellini. Io, in compenso, avevo due alternative: o la casa dei nonni paterni a Cupello, in Abruzzo, quattromila abitanti. O la casa dei nonni materni a San Giacomo di Roburent, in provincia di Cuneo, trecento abitanti. La terza alternativa poteva essere l'isola di Montecristo, ma pare non fosse edificabile, altrimenti col culo che ho sempre avuto in fatto di facilitazioni alla vita sociale nell'infanzia, avremmo sicuramente avuto un bilocale anche lì. Aspettavo l'arrivo di settembre come gli *haters* attendono un mio nuovo post su Facebook. Per ingannare il tempo disegnavo, scrivevo storie e mi prendevo a mazzate con i miei fratelli maschi che, a loro volta, ingannavano il tempo dando fuoco sul barbecue per gli arrosticini ai miei disegni e ai miei racconti, oltre che naturalmente ricambiando le mie mazzate con altre mazzate in una spirale di violenza che la cattività in luoghi con la stessa densità abitativa dell'Alaska alimentava in modo devastante. Una volta, uno dei due malefici consanguinei osò stracciare una cartolina che Susanna mi aveva mandato dall'Elba – una di quelle molto anni '80 su cui c'era la scritta "Baci" e all'interno di ogni lettera si intravedeva uno scorcio diverso dell'isola – e io caddi in depressione per due giorni. Ancora oggi, quando ho una discussione con il fratello colpevole all'epoca della profanazione di quella cartolina, io sento che non stiamo litigando solo perché si è dimenticato il compleanno di mia madre o perché ha rigato una fiancata della mia macchina. Io sento che c'è ancora dell'astio supplementare per quella cartolina stracciata. Quella cartolina è un po' quello che è Pearl Harbor per qualsiasi presidente americano che vada a stringere la mano all'imperatore del Giappone. Ed è un po' come Hiroshima per qualsiasi giapponese che stringa la mano a un americano. «Vabbe', abbiamo fatto pace, però ora che ci penso non m'è passata del tutto.» Comunque. Torniamo a Susanna. L'estate per fortuna a un certo punto finiva e io ero pronta a riabbracciarla.

Era la mia migliore amica. In futuro avremmo scelto la stessa scuola per non separarci mai. Ero pronta a tutto pur di accompagnarmi per sempre al suo caschetto biondo che dopo l'estate era quasi cenere. Se lei da grande avesse deciso di studiare matematica io, che già all'arrivo delle divisioni a una cifra avevo la sensazione di essermi trovata davanti all'equazione di Dio, avrei studiato matematica. Avrei arrancato, avrei faticato, ma alla fine l'avrei capita. Se lei si fosse trasferita all'Elba come talvolta ipotizzato dal padre, io l'avrei seguita. Avrei trovato lavoro come bagnina alla spiaggia di Fetovaia. Come guida nel museo napoleonico. Avrei fatto fare manovra ai traghetti in arrivo da Piombino. Avrei pescato cannolicchi a gennaio in apnea. Qualunque cosa, pur di non separarmi da Susanna.

Con queste premesse, la nostra amicizia arrivò all'ultimo anno delle elementari solida e adamantina. Nel frattempo, lei era sempre più carina e io sempre un po' più cessa perché intanto avevo scoperto che la soluzione allo stress da verifiche di matematica era il pacco di Tegolini sulla mensola più alta della cucina, ragion per cui, intorno ai dieci anni, pesavo quanto i libri scolastici in uso agli studenti di tutte le scuole primarie di Civitavecchia. Lei piaceva a tutti i ragazzini che piacevano a me e a me sembrava un fatto logico, oltre che assolutamente comprensibile: primo perché lei era incantevole. Secondo perché io avevo cacca di topo sulla guancia. Sapevamo che entrambe avremmo proseguito le medie dalle suore e che c'era un'unica sezione, per cui non correvamo il rischio di separazioni dovute alla sorte. Insomma, la nostra amicizia era l'unica certezza della mia vita da pre-adolescente.

Poi, gli ultimi due mesi prima della fine delle elementari, accadde l'imprevedibile. L'evento microcosmico destinato a sconvolgere la mia infanzia e, tutto sommato, pure a minare il mio equilibrio emotivo da adulta. Nella nostra classe arrivò una ragazzina nuova. La sua famiglia si era trasferita a Civitavecchia dal Nord Italia e Annalisa avrebbe trascorso con noi gli ultimi sessanta giorni del calendario scolastico.

Ora, non so se ci avete fatto caso, ma a quell'età, delle altre bambine, restano impressi soprattutto i capelli. Ecco, Annalisa aveva dei capelli insopportabilmente lunghi, lucidi e lisci come la coda di un pony da circo. Sembrava più grande di noi di un paio d'anni, aveva un accento del Nord che le dava un piglio esotico (anche se solo vent'anni dopo ho realizzato che era di Brescia) e aveva una caratteristica fondamentale: era simpatica. Estroversa. Amabile. Solare. Era l'ultima arrivata e dopo due giorni già tutti le tenevano compagnia durante la ricreazione. Io, dal canto mio, avevo un'altra caratteristica fondamentale: non ero simpatica. Non ero estroversa. Non ero amabile. Non ero solare. Ero complessata, introversa e contorta. E in più avevo dei capelli di merda. Annalisa, poi, snocciolava aneddoti sulla sua vita da ragazzina del Nord che aggiungevano un fascino quasi mitologico alla sua figura: lei era quella che aveva incontrato Raf al bar sotto casa, che aveva già preso l'aereo per Londra due volte, che aveva i Levi's mentre mia madre mi comprava tutto lo stock di colori Carrera. Io, di esotico, avevo solo il nome. Mi chiamavo Selvaggia e tutto quello che avevo da raccontare delle mie esplorazioni fuori Civitavecchia era: «A Cupello quest'estate il mio gatto ha rubato la ventricina piccante dalla dispensa e ha ululato per tre giorni come un lupo dell'Alsazia». Fine. Anche io e Susanna cominciammo a tenere compagnia ad Annalisa durante la ricreazione, a comprare la focaccia insieme, a narrarle i segreti più oscuri della scuola, a tratteggiarle le varie personalità delle suore, a subire il fascino di questa ragazzina vispa e carismatica che ci sembrava giunta da un altro pianeta.

Dopo una settimana dal suo arrivo accadde il primo piccolo, trascurabile episodio destinato, nel breve periodo, ad assumere i contorni di quello che oggi non stenterei a definire "l'inizio della fine della mia infanzia". Ero tornata da scuola, avevo mangiato, mia mamma vedeva *Sentieri* sul divano come tutti i santi giorni. La puntata era, come sempre, all'insegna del verismo più crudo: una tizia era stata inghiottita dalle sabbie mobili a Barbados, dopo che un virus sconosciuto aveva sterminato mezza Springfield. Io, all'epoca, andando a scuola dalle suore, credevo un po' a tutto, anche alla trama di *Sentieri*, senza praticare quella suprema arte della critica che poi mi avrebbe folgorata anni dopo. Un'altra cosa di cui non dubitavo era l'arrivo della telefonata di Susanna alle due e dieci del pomeriggio. Solo che erano le due e venti e il telefono era ancora muto. Alle due e venticinque ero certa del fatto che Susanna fosse morta. Forse il virus di Springfield era arrivato già sul lungomare di Civitavecchia e io che abitavo in campagna l'avevo scampata. Allora feci il suo numero col cuore in gola. Pensavo che avrebbe risposto sua madre in lacrime o che forse il telefono avrebbe squillato a vuoto perché i cadaveri, in casa Di Lello, erano già accatastati in corridoio con un tizio in tuta antibatterica che li stava infilando in un sacco nero. Invece era occupato. Buttai subito giù la cornetta. "Mi sta chiamando!" pensai. Il telefono, invece, continuò a tacere. *Sentieri* era finito, mia madre era andata a lavare i piatti e io continuavo a presidiare il telefono come fosse la torretta di un supercarcere. Richiamai. Era ancora occupato. Allora presi i libri di scuola e mi misi a fare i compiti lì accanto. Un'ora dopo, feci un ultimo tentativo. Questa volta era libero. Squillò a lungo, poi udii quella che era inequivocabilmente la voce stridula della sorella più grande di Susanna.

«Pronto?»

«Ciao, sono Selvaggia, posso parlare con Susanna?»

«Mmm no, mi dispiace, Susanna non c'è, è uscita.»

«Ah, ho capito, le puoi dire se mi chiama quando torna?»

«Ok!»

«Ciao.»

«Ciao.»

Susanna non usciva mai prima di fare i compiti. Mi sembrò strano, ma ero un'anima pura. La mia sfera emotiva era ancora vergine, senza traumi pregressi, senza il sospetto che le persone potessero decidere di cambiare senza che tu dovessi necessariamente ricevere preavvisi nella cassetta delle lettere. Susanna, quel giorno, non richiamò. Io ricordo una notte agitata e una colazione frugale perché il mio stomaco era contratto dalla preoccupazione. A scuola, quando finalmente la vidi sana e salva, mi parve leggermente in imbarazzo. Mi disse che il giorno prima era uscita con sua madre, che aveva finito tardi i compiti. Io le credetti perché lei era la mia migliore amica e avevo mezzo guardaroba uguale al suo e la collezione di cartoline che mi mandava ad agosto e il diario con la nostra foto al parco in copertina e io sarei andata all'Elba con lei e se mi fossi fatta suora avrei cucito le nostre iniziali nel velo e insomma, non c'era nulla che potesse dividerci. Susanna però non mi chiamò neppure quel giorno. La chiamai io. Sua sorella mi rispose di nuovo che era uscita, con un tono un po' più scocciato della volta precedente. Il giorno dopo, quando arrivai in classe, la vidi che rideva con Annalisa. Il fracasso della campanella soffocava le voci, ma captai distintamente un'unica frase e quella frase, pronunciata da Annalisa, era: «Domani ti riporto il pigiama!». Susanna aveva dormito a casa sua e non me lo aveva detto.

C'è un momento preciso in cui avete perso l'innocenza? In cui mentre mangiavate castagne davanti a un fuoco scoppiettante s'è squarciato il soffitto e v'è piombato un asteroide in testa? Ecco. Per me quel «Domani ti riporto il pigiama» mescolato al brusio delle altre voci e al suono della campanella è stato quell'asteroide. La prima macchia sul foglio bianco. Una deflagrazione emotiva senza precedenti. E proprio perché non c'erano precedenti, io non capivo cosa stesse accadendo. Non avevo i codici per decifrarlo. Ero stordita e impreparata. Quando Susanna si sedette al banco accanto a me, balbettai qualcosa. «Ma hai dormito da Annalisa?» Mi rispose di sì, con aria seccata. Vidi che aveva il suo diario sul banco, che aveva iniziato a scriverle le frasi sceme che ci eravamo dedicate per anni io e lei. Susanna che scriveva "Come l'aereo lascia la scia io qui ti lascio la firma mia" sul diario di un'altra. Susanna che mi rispondeva freddamente, che quasi non mi guardava, dopo cinque anni di simbiosi. Tra le tante confuse emozioni di quel giorno, solo un unico, inconfondibile, inedito sentimento si fece largo nel mio cuore con la limpidezza di certi cieli primaverili: l'odio improvviso e definitivo nei confronti di Annalisa Sanna. In un paio di settimane mi aveva strappato la mia migliore amica e l'infanzia. Io volevo strapparle i jeans firmati, i capelli e gli occhi dalle orbite. Detestavo il suo flirtare con il mondo, i sorrisi distribuiti equamente a tutti, come mais alle galline, e quell'odore di shampoo fruttato che lasciava dietro di sé. Ma soprattutto detestavo sopra ogni cosa quella finta, infame inconsapevolezza con cui mi scippava l'amicizia di Susanna giorno dopo giorno. La invitava a pranzo, a cena, a fare i compiti. Durante la ricreazione, prendeva Susanna per mano e se la portava via, nel cortile della scuola, lasciandomi in classe a ingozzarmi di focaccia mentre le spiavo dalla finestra. Il mio sogno a occhi aperti, mentre dal secondo piano le osservavo ridere, era sempre lo stesso: un rombo assordante, le nuvole che si aprivano all'improvviso, un cono di luce puntato su Annalisa e una nave aliena che la risucchiava come una cannuccia il frappè alla fragola e tanti saluti, dispersa per sempre in una galassia lontana lontana. Susanna, nel frattempo, aveva smesso di telefonarmi e di considerarmi non dico la sua migliore amica, ma almeno qualcosa con un pizzico di dignità in più di una blatta nel piatto doccia. Non solo non le piacevo più: le davo fastidio.

La scuola finì e Susanna, l'ultimo giorno, sparì dalla classe al suono dell'ultima campanella senza che fossi riuscita a dirle ciao. Era mano nella mano con Annalisa, capii da alcune frasi che avevo origliato che avrebbero trascorso un mese insieme al mare. Fu il primo anno in cui Cupello mi sembrò un posto più allegro della mia scuola. Non arrivarono cartoline di spiagge con i fiorellini e perfino i miei fratelli, mossi a compassione dalla mia malinconia manifesta, decisero una sorta di tregua: mi picchiarono a giorni alterni anziché tutti i pomeriggi. Dentro di me, covavo una speranza: che Annalisa non frequentasse le medie dalle suore ma cambiasse istituto e che Susanna tornasse a essere la mia migliore amica. Trascorsi l'estate immersa nella lettura di romanzi in cui riconoscermi, quindi con protagonisti che morivano, desideravano di morire, morivano incidentalmente o semplicemente conducevano una vita di merda come la mia. *Incompreso*, *Cuore*, *Piccole donne* e *Il piccolo principe* furono i miei compagni dell'estate. E quell'estate fu uno schifo siderale. Ricordo che il tormentone era *Wild Boys*, che non volevo sposare Simon Le Bon, che andavo poco al mare e che la sera accompagnavo mio padre a comprare lupini nella piazza del paese.

Arrivò settembre. La notte prima del ritorno a scuola, insonne e incerta su cosa sarebbe successo il giorno dopo, meditai a lungo sui sacrifici che sarei stata pronta a fare pur di riavere la mia migliore amica. Poi ebbi un'illuminazione. Era definitivo: se Annalisa fosse sparita per sempre e Susanna fosse tornata a imbrattarmi il diario con promesse d'amicizia eterna, io mi sarei fatta suora come desideravano le suore del nostro istituto. Ma per davvero. In un centinaio di anni al massimo, con un papa largo di maniche, avrei pure potuto puntare alla beatificazione.

La mattina dopo varcai la porta della prima media con le gambe che mi tremavano. Alzai lo sguardo in cerca del caschetto biondo, che dopo l'estate era quasi cenere. Lo individuai subito. Susanna era seduta in terza fila, nel banco che era stato il nostro preferito dalla seconda elementare. Indossava una maglietta bianca con delle ciliegie stampate sopra. Come quella di Annalisa, che le sedeva accanto. Era a lei, adesso, che copiava il guardaroba. Nessuno mi aveva tenuto il posto, non conoscevo almeno metà della nuova classe e avevo appena realizzato che le due persone in cui avevo creduto di più fino a quel giorno, ovvero Susanna e Dio, mi avevano tradito definitivamente. C'era un buco nella penultima fila. Mi sedetti accanto a un ragazzino con due occhi verdissimi che mi guardò piuttosto schifato e da quella postazione rimasta invariata per i successivi tre anni desiderai ogni singolo giorno che Susanna tornasse da me come un marito fedifrago torna dalla moglie. Naturalmente, non accadde. Del resto, in quei tre anni, non accaddero più molte cose: non mi accadde più di avere un'amica. Di capire la matematica, perché tanto non avrei più dovuto fare lo scientifico. Di ricevere cartoline dal mare. E, soprattutto, di riaggiustare quella cosa che Susanna, il giorno in cui alle due e dieci il telefono di casa restò muto, aveva rotto: l'incanto di credere che se qualcuno smetterà di amarci, ci sarà sempre un perché.

Susanna è stata l'incanto interrotto e quel perché che non è mai arrivato. Il primo. Quello che ha fatto più male di tutti.

E no, a distanza di trent'anni, non gliel'ho ancora perdonato. (Ah. Ho controllato i suoi amici di Facebook. È ancora amica di Annalisa Sanna, maledetta.)

La mamma di Nicoletta

L'ultimo anno del liceo fui una delle prime della mia classe a prendere la patente. Avevo superato l'esame teorico con successo nonostante una raffica di domande sui componenti del motore e nonostante alla domanda «La spia più insidiosa?» avessi risposto «Mata Hari».

Anche la pratica era andata piuttosto bene: l'esaminatore, un uomo piuttosto anziano dalla somiglianza inquietante col tenente Colombo, che aveva più voglia di aprirmi lo sportello e portarmi a cena fuori che di chiudermelo e portarmi alla rotonda per vedere se azzeccavo le precedenze, aveva chiuso l'esame con una manovra che più che una prova pareva un subdolo tentativo di rivedermi un mese dopo: un parcheggio in salita con retromarcia tra due macchine che anche Lewis Hamilton avrebbe trovato complesso. Quello che il tenente Colombo non sapeva è che io ero l'esaminanda più motivata che si fosse mai messa alla guida della sua Panda verde bottiglia. Da quell'esame dipendevano la mia autostima, la mia vita sociale, la scalata nella gerarchia di classe. E poi, era il mio primo vero moto di indipendenza, ergo avrei fatto con disinvoltura quel cazzo di parcheggio in salita e in retromarcia anche se avessi dovuto infilare la macchina tra due mine antiuomo con detonatore magnetico. E infatti, parcheggiai la Panda con una sicurezza tale che il tenente Colombo mi strinse la mano e osservò: «Lei la patente se la merita tutta!». Il sottotesto era chiaramente: «E, volendo, anche una pacca sul culo», ma feci finta di non intuirlo. Comunque no, fu infame, ma non così infame da meritare un capitolo di questo libro. E poi, tutto sommato, mi promosse pure.

Il punto fondamentale è che, come accadeva e accade in ogni classe, quelli che tra noi avevano la patente erano destinati a essere gli autisti ufficiali di tutta la compagnia. Questo mi consentiva di aspirare a una leadership altrimenti inaccessibile e io desideravo fortemente conquistarmi un ruolo in classe che fosse ben oltre "È quella che fa bene i temi". Purtroppo, però, rappresentavo un pietoso caso di autista ibrido: possedevo la patente ma non la macchina, per cui diventavo utile alla comunità solo se riuscivo a procurarmi un mezzo. Il mezzo che ogni tanto potevo procurarmi era la Y10 di mio fratello Fabio. Naturalmente, non era così facile: Fabio usciva tutti i giorni, aveva la vita sociale di Kim Kardashian, una fidanzata che abitava nel viterbese e una tendenza a rimanere col serbatoio vuoto, quindi spesso la macchina era sì disponibile, ma al chilometro 356 dell'Aurelia, a bordo strada. E poi non me la lasciava volentieri perché sapeva che se si raccomandava «Riportamela entro le sette!», io alle dieci di sera ero ancora a girare in tondo in piazza Duomo solo per la felicità di possedere un mezzo di locomozione.

In quel periodo mi piaceva parecchio un ragazzo della mia classe, Gianluca, che non mi si filava di pezza. O meglio, non mi si era mai filato di pezza, ma da quando avevo la patente, ogni tanto mi chiedeva: «Che ore sono?». Mi pareva cominciassero a esserci i presupposti per un matrimonio lungo e felice, insomma. Gianluca possedeva una casa di famiglia ad Allumiere, un paesino sui Monti della Tolfa, a una ventina di chilometri da Civitavecchia. Il paesino era famoso per due motivi: il primo era una chiesetta sconsacrata che in realtà si diceva non fosse mai stata consacrata perché anni prima, sul pavimento, durante i lavori di costruzione, era apparsa l'impronta di una capra. In effetti non era poi così strano, visto che Allumiere contava più capre che abitanti. Solo che si sa, capra uguale diavolo e quindi il primo prete disponibile ad accollarsi la parrocchia, a quel punto, fu un noto vescovo esorcista di Città del Messico che però era noto anche per casi di possessione in cui era lui a possedere giovani catecumeni, quindi la sua proposta fu gentilmente declinata. Il secondo motivo per cui Allumiere godeva di una discreta fama era che la circondava un bosco piuttosto vasto in cui parevano sopravvivere felicemente alcuni rari esemplari di lupi. Insomma, Allumiere, per noi civitavecchiesi, era una specie di Twin Peaks di cui io, senza poterlo minimamente sospettare, sarei diventata a breve Laura Palmer.

Gianluca, un sabato di maggio, organizzò una cena con pochi compagni di classe nella sua casa tra i boschi, ad Allumiere. Io fui una delle due sole ragazze invitate. Mancava poco all'esame di maturità e quella cena era una delle ultime opportunità che mi rimanevano per conquistarlo. Avevo un solo problema: la macchina. I ragazzi sarebbero stati lì dal giorno prima e io e Nicoletta, l'altra invitata, per andare dovevamo organizzarci da sole. I collegamenti Civitavecchia-Allumiere, dopo le otto di sera, erano al massimo a dorso di mulo e comunque erano venti chilometri di cui almeno cinque di tornanti e una strada più buia di uno sgabuzzino delle scope. Non era il genere di passaggio che chiunque avrebbe avuto voglia di offrirci. E infatti, nessuno ce lo offrì. Io però avevo la carta Y10 da giocarmi e, sebbene sapessi che il sabato sera mio fratello avrebbe rinunciato più volentieri al polmone destro che alla sua macchina, intavolai una serie di trattative che quelle per la risoluzione della guerra nella ex Jugoslavia, al confronto, furono una formalità. Alla fine, estenuato, Fabio concesse di lasciarmela solo e unicamente per quel sabato sera, senza orario di rientro prefissato. Non vorrei sbagliare, ma credo che dopo ventiquattro anni circa, mio fratello, in virtù di quell'accordo, mi pignori ancora un quinto dello stipendio. Comunque. Avevo la macchina, avevo l'invito, avevo un nuovo paio di shorts ma avevo pure imperdonabilmente sottovalutato una questione fondamentale: la madre di Nicoletta.

La madre di Nicoletta era una di quelle mamme con un tale stato di allerta che avrebbe potuto degnamente sostituire il sistema di allarme della centrale nucleare di Krško. Nicoletta ne era sopraffatta. A diciott'anni suonati, le doveva chiedere il permesso per qualsiasi cosa e spesso il permesso le veniva negato in virtù di elaborati sillogismi tipo: «Un pullman di studenti olandesi quindici anni fa è finito in un fosso, quindi le gite sono pericolose, quindi è inutile che rompi i coglioni, in gita non ci vai!». Inutile dire che l'entusiasmo per aver strappato la Y10 a mio fratello fu prontamente smorzato dalla notizia di Nicoletta: «Mia madre dice che possiamo andare, ma io alle 21,30 devo essere a casa».

Considerato che la cena cominciava alle 20,30 e che da Allumiere a Civitavecchia c'era mezz'ora di strada, avevamo trenta minuti in tutto da trascorrere in compagnia di Gianluca e degli altri. Insomma, una tragedia. Provai a parlare con la madre di Nicoletta al telefono, ma mi liquidò in fretta e furia con un altro dei suoi sillogismi («Non sei madre, un giorno sarai madre, quando sarai madre capirai!») e non mi restò che prendere l'unica decisione di buonsenso possibile, quella che qualunque diciottenne saggio e avveduto avrebbe preso: andare anche solo per mezz'ora a quella cazzo di cena. Partimmo in netto anticipo perché non conoscevamo il paese e perché avevamo solo un indirizzo, ma grazie alle indicazioni di qualche contadino che rientrava per la cena trovammo subito la casa di Gianluca. Alle 20,30 spaccate eravamo già sul divano del salotto sfoggiando i nostri migliori sorrisi e due shorts Onyx che oggi, al massimo, potrei usare come polsino da tennis. I ragazzi, a dire il vero, sembravano più colpiti dalle due birre che avevamo portato che dal nostro stacco di coscia, ma Gianluca mi aveva già domandato se preferivo patatine o salatini, per cui mi sembrava che la strada verso il nostro fidanzamento fosse tutta in discesa. Tra saluti e quella ricerca tipicamente maschile di un contenitore pulito in cui mettere le patatine erano già volati dieci minuti. Me ne restavano solo venti. Mi alzai dal divano decisa ad aiutare Gianluca a travasare le patatine. Seppi che era amore puro quando notai che le stava mettendo in una specie di insalatiera rossastra con su scritto "Ehi amico peloso, stanco della solita pappa? Ciappi!" e non protestai.

«Ma davvero alle nove te ne vai già?» mi disse con un'inattesa aria malinconica. Ora, dovete sapere che io e Nicoletta ci eravamo guardate bene dal raccontare la verità sulle ragioni per cui saremmo andate via di lì a poco. "Mamma dice che dobbiamo rincasare presto" ci pareva un argomento da sfigate e in effetti lo era, per cui avevamo concordato una versione più ammaliante: «Sapete, alle nove e mezzo dobbiamo andare alla festa di un amico più grande che ha un sacco di amici più grandi tutti di Roma che si laureano tutti insieme!». I ragazzi ci avevano guardato un po' perplessi, Gianluca aveva replicato: «Peccato, potevate fermarvi a dormire qui sul divano» e io, col piglio della donna di mondo, avevo prontamente risposto: «Alla prossima sicuramente, eh Nicoletta?». Lei, che probabilmente sarebbe dovuta rincasare alle 21,30 presso il domicilio materno anche la prima notte di nozze, pronunciò un sììììììì troppo squillante per risultare realistico e la discussione si chiuse lì, nella perplessità generale.

Era passato un quarto d'ora e non era successo niente. Poi il disastro. Francesco, uno di quei compagni di classe che arrivano dritti alla maturità copiando i compiti in classe a tutti, ma con un meccanismo di rotazione così abile e impercettibile da non risultare neppure fastidioso, aprì il frigorifero e sentenziò che non c'erano abbastanza birre per la loro lunga nottata di tv e cazzeggio, per cui occorreva fare un salto al bar del paese. Il bar del paese però chiudeva alle otto, quindi bisognava citofonare al proprietario che abitava al piano di sopra del locale per farselo aprire. Chiese quindi a Gianluca, che era l'unico che lo conosceva fin da bambino, di accompagnarlo. La mia serata era ufficialmente finita. Gianluca non sarebbe tornato neppure in tempo per salutarmi. «Sì, dai, tanto le ragazze stanno per andare all'altra festa, le accompagniamo giù alla macchina!» disse infastidito. In pratica, stavamo andando via anche dieci minuti prima del previsto. La buona notizia, però, è che a me quel fastidio percepito nella voce di Gianluca inorgoglì parecchio. Arrivati alla macchina, Francesco si mise a flirtare con Nicoletta e Gianluca mi afferrò delicatamente un braccio, spostandomi a poca distanza da loro.

«Non fare la cretina con i laureati stasera, eh.»

«Ahahahah.» (All'epoca ridevo come tutte le diciottenni idiote finte sdegnate.)

«Dai, magari la prossima settimana, se stasera non ti fidanzi con uno di loro, ti porto a mangiare una pizza, che dici?» aggiunse.

Era fatta. Alla fine, questa fuga prematura aveva sortito un effetto insperato: quello di regalarci il fascino dell'inafferrabilità. E questo fu l'argomento di discussione con Nicoletta mentre giravo la chiave della macchina. «Hai visto come mi guardava???» mentre svoltavo a destra. «Ora passeranno tutta la serata a rosicare, ahahah!» mentre svoltavo a sinistra. «A Francesco comunque tu sei sempre piaciuta!» mentre proseguivo dritta. «Sì, anche tu a Gianluca, ma ci voleva questa cosa di ingelosirlo per dargli una spinta...», «Sì, alla fine tua madre la devo pure ringraziare...» mentre mi si parava davanti una ripida discesa che non ricordavo nell'itinerario dell'andata. "Era giorno, ora è quasi buio, magari mi sembra tutto diverso" pensai. Dopo un attimo di esitazione, decisi di scendere giù per quella discesa ripida, ma sentii che il terreno faceva uno strano rumore. Soprattutto, mentre Nicoletta continuava a ripetere che ora per Gianluca e Francesco avevamo il fascino delle donne di mondo, mi resi conto che non eravamo uscite da Allumiere e che quello che avevamo di fronte non era il primo tornante per scendere a valle, ma il bosco. «Abbiamo sbagliato strada!» dissi spegnendo all'istante il suo entusiasmo.

«Ok, torniamo indietro, no?» mi rispose Nicoletta. Feci inversione con uno strano presentimento. La salita era molto ripida e la superficie non era asfalto, ma brecciolino finissimo. Il motivo per cui una strada asfaltata fosse divenuta improvvisamente lettiera di gatto è l'ennesimo mistero di quelli che Allumiere porterà sempre con sé. Le ruote della Y10 persero aderenza quasi subito e la macchina tornò indietro, al punto di partenza. Riprovai accelerando al massimo, ma a metà salita sollevammo tanto di quel brecciolino e polvere che probabilmente la nube fu avvistata anche a Roma Nord e la macchina tornò nuovamente indietro. Avevo la patente da un mese e mi sforzavo di ricordarmi se sul libro di scuola guida ci fosse il capitolo "Come trasformare una Y10 canna da zucchero in una macchina agricola a trazione anteriore con un rossetto rosa pallido e una cipria compatta", ma non mi sovveniva. Nicoletta, che aveva in dote il codice genetico che sappiamo, andò in panico dopo tre minuti netti. Io tentai di essere razionale. «Allora. Non sappiamo dove siamo, tra poco è notte, su non possiamo tornare, davanti a noi c'è una stradina che entra nel bosco, se c'è una stradina vuol dire che va da qualche parte e sbuca da qualche parte, quindi noi ora ci calmiamo e attraversiamo il bosco.»

«Ma nel bosco di Allumiere ci sono i lupi!»

«Ho capito, ma non penso che prenderanno a capocciate il tergicristalli. Nel caso si palesassero fingi di essere al Safari Park, guarda!»

«A me il bosco di notte fa paura!»

«Nicole', c'è qualche animale, nessuno ha mai visto il Bigfoot da queste parti, io vado.»

«Faremo tardi!»

«Dai, magari tagliamo il bosco in cinque minuti e tua madre si lamenterà al massimo per un po' di ritardo!»

Fu così che alle 21,13 circa di un sabato sera di maggio del 1993, ormai all'imbrunire, una

Y10 con due diciottenni di belle speranze si infilò spavalda nel mitologico bosco di Allumiere. Il bosco dei faggi, delle leggende, dei lupi, dei funghi giganteschi e del muschio per il presepe a Natale. Peccato non esistessero droni a riprenderci dall'alto perché, visto quello che stavamo per fare, saremmo finite dritte dritte sul canale del National Geographic. La stradina di terra battuta, come da me brillantemente previsto, in effetti portava da qualche parte, e con l'ausilio di coordinate geografiche, dati satellitari, navigatori e mappe 2.0, oggi sono anche in grado di indicarvi esattamente dove: nel buco del culo del mondo. Era indubbiamente lì che capimmo a breve di essere dirette. La stradina si faceva sempre più stretta, la vegetazione sempre più fitta e scura. I rami degli alberi erano sempre più bassi, ormai sbattevano contro il tergicristalli. Il terreno era sconnesso e talmente incerto che andavo a due chilometri orari, finendo comunque in buche che parevano voragini. Nicoletta continuava a ripetermi «Torna indietro!», io provavo a spiegarle che non si poteva più tornare indietro perché non avevo spazio per alcuna manovra, ma lei andava avanti col suo mantra «Torna indietro torna indietro torna indietro» e forse intendeva dirmi di tornare indietro a due giorni prima, quando avevo deciso che per mezz'ora valeva la pena venire qui, in una colonia di lupi e a due passi dalla casa di Satana. Il suo settantaquattresimo «Torna indietr...» fu interrotto da un rumore fortissimo e da un'inclinazione improvvisa della macchina sul lato destro. Fino a quel momento, lo spavento più grosso che io e Nicoletta avevamo mai provato era stato il sangue del primo mestruo, per cui le sue grida si mescolarono ai miei improperi, in uno strano mix che ancora oggi ricordo come il suono più molesto mai udito, a parte un qualsiasi ritornello di Gigi D'Alessio. Restammo immobili, sorprese di essere ancora vive. Gli abbaglianti illuminavano solo boscaglia impenetrabile e grovigli di rami ostili. La strada era finita così, improvvisamente, come certi viadotti del Sud mai terminati, che si interrompono a mezz'aria, perché negli appalti c'era di mezzo la mafia e tanti saluti. Forse anche la strada nel bosco di Allumiere era stata appaltata alla mafia del mirtillo selvatico, non lo so, fatto sta che la nostra corsa era bella che finita e la situazione era la seguente: avevamo percorso circa due chilometri nel bosco, non potevamo più proseguire né andare indietro, non sapevamo perché la macchina si fosse inclinata in quel modo, non eravamo tra le poche fortunate dell'epoca a possedere telefoni cellulari e all'improvviso era buio pesto. In tutto ciò, eravamo terrorizzate dalla creatura più spaventosa che abitava nell'alto Lazio e che era sicuramente da qualche parte ad attenderci, girando in tondo nervosamente: la madre di Nicoletta.

«Restiamo in macchina» dissi io.

«No, torniamo indietro a piedi!» disse lei.

«Hai provato a guardare dietro di te? A due metri dall'auto la strada è così buia che non ti vedi neppure le dita dei piedi!» dissi io.

«Devo avvisare mia madre!» disse lei.

«Non puoi avvisare tua madre! Dobbiamo restare qui finché non albeggia e quando albeggia rifacciamo la strada all'indietro, a piedi, e torniamo in paese!»

Nicoletta cominciò a piagnucolare dicendo che sua madre l'avrebbe uccisa e io, che sentivo di doverla confortare ma di non poterle dare torto, annuivo sobriamente, accarezzandole il braccio. Non so quanto tempo trascorse così, tra la paura e lo sconforto, ma so esattamente cosa accadde a un tratto: le luci della macchina cominciarono ad affievolirsi. La batteria si stava scaricando e noi saremmo rimaste al buio, nel bosco, come la terza classe del Titanic prima di affondare. È un'altra cosa che non avevo studiato all'esame della patente: le luci accese, a macchina spenta, scaricano la batteria. Fu così che arrivò il momento tanto temuto: il buio totale. Ora, io non lo so se l'avete mai visto un bosco di notte sotto un tetto di rami e boscaglia, senza neanche un puntino luminoso in lontananza, senza mezza stella in cielo a indicare almeno la direzione dello spazio verticale e di quello orizzontale. Ecco, io sì. E l'ho visto a diciott'anni, in compagnia di un'amica che aveva smarrito il coraggio il giorno in cui si era bruciata il dito per spegnere le candeline dei suoi due anni. Be', se non avete mai visto quel buio lì, ve lo spiego io. Immaginate lo spazio senza stelle e pianeti, immaginate che si contragga e finisca nel ventre di una donna incinta e che voi siate quel bambino lì, che a occhi chiusi sguazza nel buio della placenta che però ha il colore della tinta di Ligabue, il tutto avvolto nelle tenebre interspaziali. Insomma, non si vede un cazzo di niente. Io, dopo quell'esperienza, una volta al cinema ho picchiato a sangue un tizio seduto dietro di me perché quando ho preso in braccio mio figlio ha detto: «Non vedo niente!». Mentre gli assestavo l'ultimo pugno ho esclamato: «Quando faranno un drive-in nel bosco di Allumiere potrai dire che non vedi niente, ignorante!». A ogni modo, torniamo a quella lunghissima notte. Sarà stata all'incirca mezzanotte quando il piagnucolare di Nicoletta fu interrotto da un nuovo scossone. La macchina si era improvvisamente inclinata di qualche ulteriore centimetro sul lato destro. Realizzammo che l'incubo era solo all'inizio: dovevamo scendere. E dal lato sinistro, perché su quello destro poteva esserci qualsiasi cosa: una buca, una voragine, la porta dell'inferno, il tunnel di Atlantide, un cimitero Maya, non lo sapevamo.

«Io non scendo» disse Nicoletta.

«Devi scendere, la macchina potrebbe capovolgersi!»

«Ho paura dei lupi!»

«E io della macchina!» Insomma, intavolammo una discussione sul concetto di morte violenta e su cosa fosse più cruento, se morire masticati dalla mascella di un lupo o dilaniati dalle lamiere di una Y10. Optammo per la morte leggendaria. Perite sotto i morsi di bestie feroci alle soglie del Ventunesimo secolo. Per giunta, la morte da masticazione ci avrebbe offerto l'opportunità di salvare almeno la faccia. Se ci avessero ritrovate in macchina saremmo passate alla storia come due imbecilli che si sono perse nel bosco, se i lupi ci avessero sbranato e avessero seppellito anche i nostri omeri come per esempio certi cani scemi che seppelliscono i topi di gomma, saremmo passate alla storia come le due tizie sparite misteriosamente nel bosco di Allumiere. Le due liceali di cui non si è più ritrovata neppure un'unghia. Sarebbero fiorite leggende. Qualcuno avrebbe detto che i lupi ci avevano adottato, qualcuno che eravamo con Elvis e Michael

Jackson alle Antille, qualcuno che nelle notti di luna piena era possibile scorgere le nostre sagome luminescenti inoltrarsi nel bosco mentre i lupi ululavano. Di sicuro, avrebbero fatto un B-movie per adolescenti con noi due in shorts che prima limonavamo a una festa e poi finivamo morte ammazzate in un bosco, con i lupi che facevano a brandelli le nostre T-shirt, giusto per far vedere un po' di tette ai quindicenni. A mezzanotte, eravamo ufficialmente sedute per terra, abbracciate, al buio e in attesa del nostro destino. Un'altra caratteristica dei boschi di notte è che tu te li aspetti muti e immobili e invece si muovono un sacco di cose. Intorno a noi era tutto uno scricchiolio, un calpestio, un fruscio. Naturalmente, qualsiasi suono per noi era sempre il capobranco che stava avanzando quatto quatto con un branco di settecento lupi al seguito. Che poi, 'sti lupi si erano estinti praticamente ovunque nel Paese, e dovevano sopravvivere proprio in questo posto in cui a fatica sopravvivevano le persone? Quando si dice la sfiga.

Ora, messa così, potreste pensare che durante quelle cinque ore circa in cui io e Nicoletta abbiamo atteso lo spuntar del sole, le nostre chiacchiere fossero state tutte sui lupi e sulla morte, e invece no. A noi preoccupava molto di più l'eventualità di sopravvivere alla madre di Nicoletta. Ricordo che ogni mezz'ora immaginavamo cosa stessero pensando o facendo in quel momento i nostri genitori. In particolare Nicoletta. Alle 21,45 era: "Mia madre sta incazzata nera!". Alle 22,00: "Mia madre ha fatto il primo giro di chiamate agli ospedali". Alle 23,00: "Mia madre ha chiamato la protezione civile". A mezzanotte: "Mia madre ha chiamato Oscar Luigi Scalfaro!". All'una: "Mia madre ha fatto alzare in volo gli aerei militari". Alle due: "Mia madre ci ha mandato le teste di cuoio, ora arrivano". Dalle due in poi, in effetti, a ogni minimo rumore non ci aspettavamo più i lupi, ma i marines. Sarebbero arrivati in duecentomila con i fucili laser, i lupi si sarebbero cagati sotto dalla paura, sarebbero andati a colonizzare la pineta di Civitavecchia e qui ad Allumiere non si sarebbero più fatti vivi.

Invece nulla. Alle tre sapevamo entrambe che per la madre di Nicoletta, i miei genitori e chiunque quella notte fosse stato svegliato dallo squillo di un telefono, noi due eravamo indubbiamente morte. Per Gianluca, ancora peggio: ero una cazzara morta. Aveva saputo che non andavo a nessuna festa e che mi ero inventata tutto per darmi un tono da adulta. Nicoletta, dopo le tre, non fece che piangere. Le dissi che quei due chilometri li avremmo fatti in fretta, che alle cinque sarebbe spuntato il sole, che c'era una cabina telefonica nella piazza del paese. Lei replicò che aveva paura di telefonare, allora la tranquillizzai, avrei chiamato prima io. Nessuna morte epica ci salvò dalle conseguenze di quella notte. I lupi o erano satolli o dormivano o come noi avevano paura della madre di Nicoletta. Fatto sta che poco dopo le cinque una luce fioca si insinuò tra i rami. Ricordo che guardammo velocemente la macchina e ci spaventammo: era molto più inclinata di come ci era parsa dall'interno dell'abitacolo. Poi cominciammo a camminare a passo svelto. Sempre più veloci, finché il bosco non si fece più spoglio e quella salita maledetta ci apparve davanti. Ci buttammo in strada come fantasmi in cerca di un passaggio. Passò un vecchietto con un'Ape Piaggio. Frenò di botto. Due diciottenni che sbucavano dal bosco in shorts alle cinque e mezzo del mattino e non pensò: "Ora esce fuori dal cespuglio il loro pappone tatuato e dopo avermi derubato mi fa a pezzi con una motosega". Fu un miracolo. O l'ingenuità di paese, non so. So invece che ci caricò dietro, sul pianale aperto, come le cassette delle mele, e che si accontentò di una spiegazione asciutta, dopo la quale scosse a lungo la testa come a dire: "Che due imbecilli!". La piazza di Allumiere a quell'ora era già animata. C'eravamo noi, l'Ape Piaggio e un merlo che saltellava su una panchina. Infilai il gettone nella fessura con la mano che mi tremava. 0766560... Il telefono squillò. Una, due, tre volte. Alla quarta una voce flebile disse: «Pronto?». Non la riconobbi. Nessuno della mia famiglia parlava come Minnie. Pensai di aver sbagliato numero. Dissi «Pron...?» con voce incerta. Non finii neppure di pronunciare il "to" finale che un inferno di decibel investì il mio timpano. Minnie era mio fratello Fabio e la sua vocina da eroina Disney che gridava: «Ma sei scemaaaaaa? Lo sai che stavamo parlando adesso di dove ti avremmo seppellitaaaaaa???» era il risultato di una notte insonne mista a imprecazioni e pianti a dirotto. Perché sì, come avevamo immaginato, fu una notte di disperazione per tutti. I nostri genitori, passata la mezzanotte, avevano cominciato a percorrere avanti e indietro i tornanti che portavano ad Allumiere, anche perché in alcuni punti si affacciavano su burroni piuttosto spaventosi. Davano per scontato che io, neopatentata, avessi preso una curva a centocinquanta chilometri orari sventolando il reggiseno fuori dal finestrino o qualcosa del genere, e che fossimo finite in una scarpata. Avevano avvisato la polizia stradale, che ci aveva cercate a sua volta. Avevano avvisato anche Gianluca e gli altri che ovviamente avevano replicato: «Andava a una festa, avete chiamato l'amico laureato di Selvaggia?». Mia madre aveva spiegato che al momento non avevo neanche un amico diplomato e che dovevo riaccompagnare Nicoletta a casa, altro che festa. Insomma, avevo fatto una figura di merda perfino da morta. La madre di Nicoletta, in compenso, quando chiamammo dalla cabina non era in casa, e quindi non potemmo avvisarla. Sapevamo che aveva sentito i miei genitori quando si era capito che era successo qualcosa e che era stata insolitamente di poche parole. Capimmo presto il perché. Come scoprii in seguito, alle undici di sera era già sui tornanti, aveva fatto denuncia alla polizia e presidiava tutto l'allumierasco con una banda di parenti dislocati nelle varie zone. Chi all'ingresso del paese, chi al terzo tornante, chi nel centro abitato, chi sul campanile come un cecchino. E infatti, appena uscimmo dalla cabina telefonica, la vedemmo venirci incontro con le falcate di Hitler dopo la dichiarazione di guerra agli Stati Uniti. Nicoletta si rattrappì e giurerei di aver assistito a uno strano fenomeno di mimesi fulminante per cui divenne improvvisamente rosso fuoco come la gettoniera alle nostre spalle. Io la guardai con aria di sfida come a dire "Possiamo spiegare tutto", ma la verità è che ero incazzata nera con i lupi perché non mi avevano risparmiato questo momento di panico distillato. Invece, proprio mentre cercavo di ricordare il numero del Telefono Azzurro pure se avevo diciott'anni suonati, a sorpresa, la madre di Nicoletta si fermò a due metri da noi, evitò il mio sguardo e incenerì la figlia con un solo cenno della mano destra. Il cenno stava inequivocabilmente a dire: «Andiamo. E sappi che te la farò pagare». Vidi Nicoletta allontanarsi di spalle e da quel momento non fummo più amiche. La madre le proibì di frequentarmi e, naturalmente, di avvicinarsi alla "mia" macchina anche solo per togliermi un volantino dal tergicristalli. Gianluca mi guardò con aria sarcastica fino alla fine della scuola e io non ebbi più il coraggio di rivolgergli la parola. Tra l'altro, aveva saputo i dettagli di quella mattina e in particolare del nostro arrivo in piazza sull'Ape Piaggio di Michele, il fornitore di concime biologico più noto del tolfetano, quindi non mi avrebbe più trovata erotica neppure se avessi dato l'esame di maturità in guêpière.

Resta solo un dettaglio: la macchina. Il pomeriggio, io, mio padre e mio fratello andammo con l'unico signore che possedeva un carro attrezzi ad Allumiere a cercare la Y10 nel bosco. Quando trovammo l'auto, dopo aver devastato i rami di mezzo faggeto, rimanemmo tutti e tre basiti: era sull'orlo di un precipizio, con una ruota già praticamente nel vuoto. Il signore la tirò fuori di lì con una tale sinfonia di bestemmie che i lupi, da Allumiere, furono dichiarati definitivamente scomparsi il giorno dopo. Io non ebbi mai più l'Y10 in prestito, a scuola rimasi quella che faceva bene i temi e basta e il mio ingresso nel mondo degli adulti automuniti fu rimandato a parecchi anni dopo. Ah, non so cosa ne penserebbe Freud, ma con i primi risparmi, acquistai una Lupo. E no, la madre di Nicoletta non l'ho ancora perdonata. Era la notte in cui sarei potuta diventare grande come poche, fu quella in cui restai una sfigata come tante.

Il ragazzo della funivia

Il 23 luglio del 2015 arrivai all'aeroporto di Tel Aviv per fermarmi quattro giorni a visitare un Paese che non conoscevo. Come di consueto, avevo con me un trolley contenente il necessario per un trasferimento definitivo in Israele con una famiglia di sei persone. A eccezione della grattugia per il tartufo e dell'avvitatore per cartongesso, avevo portato più o meno tutto. I controlli, sia alla partenza che all'arrivo, erano stati estenuanti. A Linate mi era stato chiesto il perché di tutti i viaggi di cui c'era un timbro sul mio passaporto.

«Perché è stata in Egitto?»
«Perché volevo vedere le piramidi!»
«Perché è stata a Londra?»
«Perché volevo vedere il Big Ben!»
«Perché è stata in Norvegia?»
«Perché volevo vedere i fiordi!»
«Perché è stata a Rozzano?»
«Perché lì mi hanno rilasciato il passaporto, quello è il timbro della questura.»
Insomma, un interrogatorio che neppure io al mio ex fidanzato quando trovai una "Natascha" nella sua rubrica telefonica. Avevo poi subito l'umiliazione dello svuotamento integrale della valigia in una stanza apposita e a me dedicata in cui il mio epilatore per ascelle era stato fatto brillare e lo spazzolino elettrico maneggiato come fosse una bomba al neutrone, per poi essere smontato e riassemblato in maniera così approssimativa che pareva una frusta da cucina. Avevo poi dovuto spiegare che il libricino

bianco con le scritte incomprensibili non era il manuale fai da te per la fabbricazione di una granata, ma le spiegazioni per l'esecuzione corretta del contouring, al che il tizio mi aveva chiesto cosa fosse il contouring e io avevo risposto che in effetti non lo avevo capito manco io ma la tizia della profumeria mi aveva venduto una specie di tavolozza di fard che costava come un carro armato israeliano e allora il tizio mi aveva detto che qualsiasi cosa mi fosse stata regalata o venduta andava ulteriormente scannerizzata, per cui alla fine mi avevano fatto brillare anche la palette del contouring.

Insomma, quando ero uscita dall'aeroporto di Tel Aviv e avevo sentito la prima folata di aria calda accarezzarmi il viso, avevo pensato che da quel momento sarebbe iniziata la discesa. E ne avevo bisogno, perché, controlli a parte, questo viaggio non era partito con i migliori auspici. Intanto, ero sola e non lo avevo deciso io. Avevo prenotato un mese prima con una mia amica che aveva bisogno di riprendersi emotivamente dopo la fine di una relazione di sei anni a causa di vessazioni di ogni tipo e due giorni prima della partenza mi aveva informata del fatto che aveva cambiato idea, voleva tornare con lui. Le avevo gentilmente spiegato che da un mese non faceva che ripetermi che lui era un egoista, fedifrago, sadico, infame, perverso, manipolatore, narcisista con devianze sessuali, disturbi della personalità, rigurgiti nazisti e allergia all'igiene personale e che ora avrei avuto qualche difficoltà a rivederlo senza pugnalarlo con accanimento, ma lei aveva replicato col classico, intramontabile: «Però ha anche un sacco di cose buone». Quindi, era momentaneamente sparita come tutte le amiche che stanno facendo una gran cazzata e non vogliono addosso lo sguardo di chi ne è pienamente al corrente. In questo caso, io. Quell'aereo, alla fine, lo avevo preso lo stesso, ma avevo modificato i piani: niente più Tel Aviv perché a Tel Aviv il programma era uscire e andare in spiaggia per familiarizzare con la fauna locale, anche perché eravamo intimamente convinte che tutti gli israeliani dovessero essere la replica esatta di Raz Degan. Sarei andata dritta a Gerusalemme, dove il Muro del Pianto, con ogni probabilità, sarebbe stata la parete della mia stanza d'albergo dal secondo giorno di solitudine in poi. Avrei fatto la turista, mi sarei mescolata a suore di colore e rabbini ortodossi, mi sarei ingozzata di falafel e, soprattutto, abbrutita dall'isolamento, avrei scritto messaggini laconici a un uomo che non li meritava.

Davanti all'aeroporto mi si parò davanti una fila di taxi infinita. La ragazza in Birkenstock davanti a me si avventò sul primo, da cui scese un ragazzo con una barba nerissima e i modi spicci di chi vuole caricare lo zaino nel bagagliaio e partire il prima possibile. Io mi diressi verso il secondo taxi e quello fu il mio evento microcosmico fortunato. Il tassista era Arik, un signore di mezza età dalla simpatia contagiosa e con un paio di occhiali le cui lenti erano spesse come il vetro antiproiettile della papa-mobile. Durante il viaggio da Tel Aviv a Gerusalemme Arik, che in passato aveva lavorato per una banca, mi domandò un sacco di cose sulla mia vita, partendo dal perché fossi lì da sola. Gli spiegai che dovevo fermarmi a Tel Aviv con una mia amica per cercare Raz Degan e invece sarei finita sola a Gerusalemme per ritrovare la fede. Aggiunsi che il mio matrimonio era durato meno del pranzo di nozze e che in Italia avevo più nemici di Israele, per cui forse mi trovavo nel Paese giusto. Lui mi spiegò che in Israele il fallimento di un matrimonio o di un'attività lavorativa non è considerato in maniera negativa ma come qualcosa da cui ripartire. E infatti, mi diceva, in Israele si sposano tutti più volte senza grossi drammi, pure lui era alla seconda moglie e insomma, da come lo descriveva Arik, Israele era un posto bellissimo in cui se due persone non andavano più d'accordo si stringevano la mano, si dicevano «È stato bello, tu tieni pure la parure di lenzuola di seta!», «Sì, tu tieni anche la tv al plasma!» e tante care cose. Gli spiegai che in Italia, se due persone si lasciano, solitamente lei va a sputtanarlo a *C'è posta per te* e lui pubblica su Facebook un loro video porno, ma Arik per fortuna non sapeva di cosa stessi parlando e io non diedi ulteriori spiegazioni. E poi, mi diceva, «gli uomini israeliani sono socievoli, non hanno bisogno dei social network per tentare un approccio con le donne, se hanno voglia di parlarti si avvicinano anche al tuo tavolo al ristorante o ti chiedono se hai voglia di fare due chiacchiere». Domandai a quanto stessero le case al metro quadro da quelle parti. Un posto che pullulava di uomini con spirito di iniziativa mi sembrava il posto in cui nascere, crescere, invecchiare. Sì, c'era qualche problemino anche lì, ma la geopolitica locale, in quel periodo, mi sembrava meno complessa della mia vita sentimentale.

Arrivata nel mio hotel a Gerusalemme, Arik si offrì di accompagnarmi col suo taxi a vedere il Mar Morto nei giorni successivi. Mi disse che sarebbe stato una guida impeccabile e che saremmo riusciti ad andare e tornare in giornata. Insomma. Avevo trovato un amico e accettai la proposta. Quella sera mi iscrissi a Tinder perché una mia amica mi aveva convinta del fatto che Tinder, fuori dall'Italia, servisse a stringere amicizie, non ad adescare gente per trombare. Il primo ragazzo con cui chattai aveva una foto profilo in mimetica e sorrideva con alle spalle quello che sembrava un checkpoint. Pensai che avesse voglia di parlare della questione palestinese, di politica, di sionismo. Gli scrissi: «Ciao, io sono italiana, tu?».

«Ciao, io voglio scopare, tu?» mi rispose.

Disinstallai Tinder dal telefono e andai a dormire. Il giorno dopo mi smarrii nei vicoli di Gerusalemme, la perlustrai in lungo e in largo, mi innamorai della città e dell'atmosfera mistica che si respirava. Non avevo parlato con nessuno e a parte la bellezza sconvolgente di alcuni militari che presidiavano il metal detector prima di accedere al Muro del Pianto, non avevo notato nulla di attraente oltre le chiese, le moschee, le piazze assolate, il miscuglio affascinante di pellegrini. Il mio unico, indimenticabile contatto maschile per le vie di Gerusalemme posso riassumervelo così: devo raggiungere la Porta di Giaffa ma mi perdo in una serie di vicoli strettissimi, non c'è un'anima viva perché è venerdì pomeriggio e sta per iniziare lo Shabbat. Intravedo una sagoma scura dall'altra parte della strada. Attraverso velocemente e comincio a gridare: «*Excuse me, excuse me!!!*». Il tizio non rallenta, non si volta, tira dritto. Io insisto, lo raggiungo, sono a un passo da lui e gli sfioro una spalla: «*Excuse me!*». Il tizio non si ferma. No. Si arresta di colpo come se lo avesse investito in pieno una nuvola di calore vulcanico a novecento chilometri orari, come se lui fosse una mosca e dal ramo più alto gli fosse colata in testa una goccia di resina. «Mi scusi, sto cercando la Porta di Giaffa.» Il tizio, con un cappello nero e dei boccoli davanti alle orecchie, fissa un punto dell'orizzonte e tace, immobile. Io mi domando se esista una forma di ictus fulminante che immobilizzi il corpo in posizione verticale. «Scusi...» Nulla. Il tizio continua a fissare quel punto. Allora cerco di capire cosa stia guardando lui, osservo quel punto, ma vedo solo l'insegna "Biblioteca polacca" e la saracinesca è abbassata. Dico: «*It's closed!*». Niente. Lui continua a fissare quell'insegna. Forse cercava disperatamente l'edizione tascabile di un romanzo di Kuczok o la ricetta originale dei pierogi e c'è rimasto male, penso. Fatto sta che non mi arrendo e gli domando di nuovo se sa dove sia la Porta di Giaffa. Allora, senza spostare di un millimetro le pupille, mi indica una vaga direzione sulla destra, abbassa la testa e ricomincia a camminare senza essersi mai voltato per capire se quella che diceva «*Excuse me*» fosse una donna, una ragazza, un comodino o un unicorno.

Avevo appena TOCCATO un ebreo ultra-ortodosso. L'avevo realizzato un nanosecondo dopo aver guardato il suo cappotto nero perdersi all'orizzonte. Non era autorizzato a parlarmi e a guardarmi, figuriamoci a essere toccato da una donna. Percorsi quei cinquecento metri che mi separavano dalla Porta di Giaffa sentendomi terribilmente irrispettosa e in colpa per la mia ignoranza e domandandomi come si sarebbe purificato da quell'indice sul suo cappotto. Se l'avrebbe portato in lavanderia o gli avrebbe dato fuoco o se se lo fosse strappato di dosso che neanche una stola di ortiche appena girato l'angolo.

Il mattino dopo Arik mi attendeva fuori dall'hotel con un sorriso e una puntualità ugualmente splendenti. Mi spiegò che il Mar Morto distava un'oretta di macchina ma che durante il tragitto voleva fare una sosta perché io potessi vedere Masada, ovvero i resti di un'antica fortezza in cima a una rupe molto suggestiva. Era il primo uomo di cui mi fidavo dopo il divorzio, per cui accettai con entusiasmo. Arrivammo a Masada alle undici del mattino. Era sabato, c'era un sole rovente e i turisti erano suddivisi in gruppetti sparuti di nazionalità diverse. La rocca, su cui tra le altre cose si poteva ammirare l'antico palazzo di Erode, era a quattrocento metri di altezza, per cui si poteva raggiungere in due modi: o percorrendo a piedi una serie di tornanti in salita (cinque chilometri e mezzo) o prendendo una funivia che in venti secondi arrivava in cima. Visto che quello che state leggendo non è un racconto postumo trovato su una pagina svolazzante nella valle a sud-est di Gerusalemme, avrete già intuito che optai per la funivia. Arik mi disse che avrebbe aspettato al bar accanto al negozio di souvenir perché era salito molte volte e non valeva la pena pagare un biglietto per lui. Entrai nell'ampia cabina della funivia e, mentre sistemavo la cintura del mio caftano blu, diedi una gomitata a un turista accanto a me. Sollevai lo sguardo per scusarmi e vidi un tizio con una Canon appesa al collo. Il tizio mi tolse istantaneamente ogni intenzione di scusarmi. Era lui che doveva scusarsi con me per essere arrivato al trentacinquesimo anno d'età circa senza ancora avermi trovata e chiesta in sposa. Non aveva neppure boccoli e cappotto nero, quindi per quella mia gomitata non avrebbe dovuto fare docce chimiche o fustigarsi con rami d'ortica. Era clamorosamente bello. Uno di quei biondi con carattere, niente lineamenti da cherubino, nessun tatuaggio tribale da surfista che aspetta l'onda perfetta a Santa Severa, nessuna ciabatta da tedesco in trasferta. C'erano lui, la sua T-shirt verde militare con degli occhiali da sole che penzolavano dal taschino e quello sguardo dritto oltre il vetro della funivia. Era solo, come me. Né io né la mia gomitata lo scomponemmo minimamente. «No problem» sussurrò continuando a guardare il panorama. Pensai che avrei dovuto dargliela più forte. Che avrei dovuto infilargli il mio gomito nella milza con la violenza di un picchiatore bulgaro. Almeno mi avrebbe guardata. E invece anche lui, come l'uomo a cui avevo chiesto della Porta di Giaffa, aveva evitato il mio sguardo. In questo caso, però, non c'era l'alibi dell'indottrinamento. Semplicemente, trovava che il profilo dei monti giordani all'orizzonte fosse molto più interessante del mio caftano blu. Le porte della funivia si aprirono ma aspettai un attimo prima di scendere per individuare la direzione in cui sarebbe andato. Si fermò a scattare foto al Mar Morto che da là sopra era una striscia d'azzurro sbiadito persa in una valle arsa e infinita. Avevo davanti a me lui che era a sua volta davanti a quella vista. Era una matrioska di panorami, un panorama nel panorama. Masada è stata il meta-panorama della mia vita. Poi smise di scattare foto, venne nella mia direzione e mentre pensavo al modo più erotico di dire «*Nice to meet you*», che doveva essere tipo l'*Happy Birthday* di Marilyn a Kennedy solo un po' più svenevole, passò alla mia destra ignorandomi totalmente. Sparì dietro un muretto di pietre e polvere e mi domandai con serietà se pedinarlo per tutta la durata della sua perlustrazione potesse essere considerato molestia e a che punto fosse la legge sullo stalking in Israele. Una rumorosa comitiva di signore francesi mi salutò gioiosamente e la loro guida mi propose di unirmi al gruppo, ma io volevo unirmi in matrimonio al ragazzo della funivia e non ero più interessata a nulla che non fosse contenuto in quella T-shirt verde militare. L'assedio dell'esercito romano agli ebrei che si erano asserragliati quassù sarebbe stato nulla rispetto all'assedio che sarebbe toccato a lui. Nel frattempo, lo avevo perso. Lo cercai tra i resti dei campi militari, nelle stanze affrescate, in prossimità delle catapulte, ma niente, non lo trovavo più. Allora mi infilai nel tratto del Sentiero del Serpente che portava ai resti del palazzo di Erode. Pensai che se non avessi ritrovato il ragazzo della funivia sarei diventata più cinica e crudele di Erode e avrei inventato una qualche persecuzione nei confronti di tutti i biondi con una Canon al collo. Ero sola e avevo la sensazione che alla maggior parte dei turisti questo lato della rocca fosse sfuggito per banali motivi di distrazione. Da qui il paesaggio era così spettacolare che avrebbe dovuto esserci un assembramento di infradito, canotte pastello e bottigliette d'acqua. Approfittai dell'assenza di occhi indiscreti per farmi un autoscatto senza sembrare una deficiente. Appoggiai l'iPhone su una roccia e sorrisi a un countdown di dieci secondi muovendo il caftano in una specie di danza del vento col piccolo particolare che c'erano quaranta gradi all'ombra e l'unica corrente d'aria da lì ai confini con la Giordania era l'asciugamani elettrico nella toilette del bar del museo. Feci ancora un tratto di discesa e le rovine del palazzo di Erode mi si pararono davanti. Erano così belle e imponenti che per un attimo mi dimenticai del ragazzo della funivia. Lasciai il cellulare in bilico su un muretto per farmi un altro autoscatto con gli affreschi ben conservati alle mie spalle. Improvvisai nuovamente la danza del vento agitando il caftano come fossi Marilyn sul famoso tombino e mentre il countdown era ormai agli sgoccioli, il ragazzo della funivia sbucò a passo veloce dal

Sentiero del Serpente. Abbassai goffamente l'orlo del caftano e finsi con disinvoltura di osservare l'ultimo livello del palazzo, giù dallo strapiombo. Annuivo col piglio compunto di chi intende dire "Incredibile di cosa siano stati capaci questi romani…" e invece pensavo "Incredibile di cosa sia capace la sfiga quando ti piace uno…". Lui guardò dalla mia parte e mentre sentivo i suoi occhi nella mia direzione ci furono, nell'ordine, il clic dell'autoscatto e un tonfo sordo, come di qualcosa che era appena caduto sul terreno polveroso. Era inequivocabilmente il mio iPhone.

«Se vuoi te la faccio io una foto, forse è meglio!» disse lui. Mi affacciai più decisa allo strapiombo. Il lancio nel vuoto mi pareva un'alternativa tollerabile alle pietose giustificazioni che mi sarei apprestata a dare di lì a un secondo.

«Che… ah, sì, il telefono, no, ehm, ma non stavo facendo una foto, l'avevo solo appoggiato un attimo…» Volevo sparire. Speravo che un salto temporale facesse tornare Erode in vita in quel preciso momento e io mi trovassi lì, neonata, avvolta in una copertina al suo cospetto. Notai che ridacchiava. «Guarda che è vero, eh!» mi giustificai ancora.

«Sì sì, lo so… è che…»

«Che?»

«No, niente niente…» Dopo averlo raccolto, diede una spolverata al mio telefono passandoselo sulla T-shirt verde e me lo porse con una smorfia divertita. «Sei italiana?»

«Sì, e tu?»

«Io sono di Edimburgo, ma non bevo, non ho mai letto *Harry Potter* e non amo portare gonne a quadrettoni, quindi in effetti è tutto da dimostrare.»

Anche ironico, se già lo amavo ora era idolatria. Volevo dire qualcosa di spiritoso, scoppiettante, impressionante anche io. «Che bel panorama, eh?» mi uscì miseramente. Mi odiavo. Ero stata banale come quelli che parlano del meteo in ascensore o quelle che dicono "Sono una ragazza solare!" per descriversi. Mi voltai fingendo rapimento per quello scorcio di Mar Morto che tagliava la valle. Lui era dietro di me e riprese a ridacchiare. «Un panorama indimenticabile!» farfugliò.

«Perché continui a ridacchiare?»

«Niente niente... Perché sei sola in un posto così?»

«Una lunga storia, diciamo che una mia amica all'ultimo momento è tornata col suo ex fidanzato e io mi sono ritrovata senza accompagnatrice... Tu?»

«La mia fidanzata all'ultimo momento ha deciso che voleva diventare una mia ex fidanzata e mi sono ritrovato senza accompagnatrice...»

«Ah!» Mi trovavo davanti a una specie maschile tra le più temibili: l'uomo che è stato appena mollato senza dolo.

«Insomma, non sono venuto qui a divertirmi...»

Ecco, appunto. «Sei molto giù?» gli domandai sperando che dicesse qualcosa tipo «Ma no, finalmente mi sono tolto dalle scatole quella rompicoglioni, tu quanti figli vorresti?», e invece, con lo sguardo fisso sulla valle davanti a noi, mi spiegò: «Hai presente questa cosa del Mar Morto che grazie alla concentrazione di sali stai a galla senza doverti muovere? Ecco, mi vedi galleggiare, ma non sto nuotando. Non vado a fondo per inerzia, non perché stia facendo qualcosa per tenermi su».

Ripresi a considerare l'ipotesi del salto nel vuoto. Avevo di fronte l'uomo della mia vita e si stava leccando le ferite snocciolando frasi da Osho del Mar Morto ignorando un'italiana adorante nel suo caftano blu.

«Però ogni volta che mi guardi ridacchi, ho degli innegabili effetti benefici sul tuo umore!» arrancai io.

«Ahahah, sì, diciamo che sei riuscita a farmi sorridere un bel po'...»

«Non mi hai detto il perché!»

«Il perché non ha importanza, ma sappi che ti ricorderò come l'italiana con cui ho condiviso il più bel panorama a Masada...»

Ricorderò? Come sarebbe a dire "ricorderò"? Ma soprattutto, dove credi di andare adesso?

Il ragazzo della funivia si riavviò in direzione del Sentiero del Serpente col suo passo veloce e mi lasciò lì, immobile come un guerriero di terracotta, sconfitta come gli abitanti della fortezza duemila anni fa. Stavano arrivando le turiste francesi che si diedero di gomito appena lo videro passare. Lui si voltò solo un attimo per un saluto veloce con la mano, ridacchiò ancora e sparì per sempre senza neppure avermi dato un nome su cui costruire le mie fantasie. E, soprattutto, le mie investigazioni su Facebook. Pensai che però avrebbe potuto trovarmi lui. Avrei inserito l'hashtag #Masada su tutte le mie foto a venire, fino al novantacinquesimo anno d'età. Ci eravamo conosciuti nel momento sbagliato, ma lo facevo sorridere, ero l'unica cosa che gli aveva regalato buon umore e leggerezza in un momento buio. Lui aveva intravisto qualcosa in me, lo sapevo. Ne ero certa, me lo sentivo. Ero affacciata allo strapiombo, malinconicamente assorta in questo pensiero convinto e dolcemente consolatorio, quando una robusta signora francese con un ventaglio finto-giapponese in una mano e una macchina fotografica nell'altra, mi bussò vigorosamente alla spalla destra. *«Excuse me, lady!»* Ero già pronta a scattare una foto a lei e al suo gruppetto di amiche allegre e rumorose, quando la signora fu a un passo dal mio orecchio e con lo sguardo tra il complice e il divertito mi sussurrò: «Guardi che dietro ha il caftano che si è infilato nell'elastico delle mutande...».

La mia danza del vento interrotta all'improvviso, io che sistemo il caftano di fretta, il tessuto che si incastra nelle mutande, io che non me ne accorgo, tutto chiaro.

Poi realizzo il resto. Avevo chiacchierato disinvolta per almeno cinque minuti con l'uomo della mia vita col culo scoperto su una rupe a quattrocento metri di altezza. Lui rideva di me, non con me. Non aveva avuto il coraggio di dirmi la verità. Era pure riuscito a raccontarmi quella cosa poetica che galleggiava però non nuotava e vabbe', non mi ricordo più che cazzo volesse dire, però l'aveva detta senza ridermi in faccia e non so come avesse fatto. Quando aveva aggiunto che si sarebbe ricordato di me come dell'italiana con cui aveva condiviso il più bel panorama a Masada, intendeva dire il panorama del mio culo.

Qualche ora dopo, mentre rientravo a Gerusalemme con Arik, ci fermammo a fare una foto davanti a un cartello: «Sei quattrocento metri sotto il livello del mare. Ti trovi nel punto più basso della Terra».

Sì, e io, quel giorno, mi sentivo di aver contribuito a scavare ancora un po'.

Ah, non ho mai saputo chi fosse il ragazzo della funivia, ma l'illusione di quei cinque minuti e la sensazione di disincanto successiva non gliel'ho mai perdonata. Soprattutto perché quel giorno avevo delle mutande fucsia da due euro comprate alle bancarelle di Papiniano.

L'uomo con la Mini grigia

A quattordici anni frequentavo il primo anno del liceo classico e andavo a scuola da sola. La fermata dell'autobus era esattamente di fronte al cancello di casa mia e tutte le mattine, alle 7,10 in punto, il 6 barrato mi raccoglieva assonnata per scaricarmi sette chilometri più a nord, a pochi passi dal liceo Guglielmotti. Odiavo quell'autobus. Lo odiavo a tal punto che qualche volta lo perdevo di proposito per poter andare a svegliare mio padre e costringerlo ad accompagnarmi.

«Pa', l'autobus è passato cinque minuti in anticipo, mi porti tu?» gli dicevo da dietro la porta. Borbottava un po', ma dopo una manciata di minuti sentivo l'acqua della doccia che scorreva ed ero profondamente sollevata. Odiavo prendere l'autobus perché a quattordici anni ero diventata improvvisamente "donna" e improvvisamente carina dopo anni di frustrante anonimato e non sapevo gestire emotivamente la novità. Mi accorgevo che le persone mi guardavano – soprattutto i ragazzi – e mi frullavano dentro sentimenti contrastanti. Inizialmente aveva prevalso lo stupore. Notavo che qualcuno mi fissava e io mi guardavo i vestiti, convinta di aver messo la maglietta al contrario o di avere una gigantesca tarantola sui jeans. Non capivo cosa ci fosse di tanto interessante in me, anche perché fino al giorno prima sarei potuta entrare a un raduno di monaci shaolin vestita da Fiona di *Shrek* e nessuno mi avrebbe notata. Poi passai alla vergogna. Avevo delle forme improvvisamente ingombranti e mi pareva che non mi appartenessero. Che fossero sbucate fuori a tradimento, come un bubbone nel sonno o un'afta sul palato. Sì, avevo invidiato le mie amiche carine delle medie, ma il loro essere carine non generava scompiglio o turbamento nel mondo fuori dal cortile della scuola. Erano le preferite dai maschi della classe, se la tiravano un po', erano quelle che finivano in prima fila nei saggi dell'istituto e collezionavano bigliettini dei corteggiatori tra le pagine del diario, ma nulla di più. Io avrei voluto essere esattamente quello. E poi mi sentivo inadeguata in casa. Avevo condiviso tutta la vita la cameretta con i miei due fratelli maschi e improvvisamente dovevo andare a cambiarmi in bagno. In famiglia, nel mio quartiere di due anime, tra gli amici, a scuola, ero passata dall'essere quella invisibile a quella con la scritta lampeggiante sulla fronte. A quella che «Come sei cambiata!» o «Certo che vostra figlia è diventata proprio una bella signorina!». Ero frastornata, gli undici anni dalle suore mi avevano insegnato che il miglior modo per stare al mondo era essere eterea e impercettibile e sapevo solo che la gestione emotiva di questo cambiamento era una faccenda troppo grande per me e per la mia inesperienza in qualsiasi campo dell'esistenza.

Odiavo il 6 barrato perché a qualsiasi ora del giorno era strapieno di giovani militari che facevano il servizio di leva (all'epoca obbligatorio) nella caserma dei bersaglieri a pochi metri da casa mia. Avevano poco più di diciotto anni, erano lontani da casa e nelle poche ore di libertà a loro disposizione pensavano a una sola cosa: le ragazze. Io avevo quattordici anni ma ne dimostravo almeno sedici, prendevo l'autobus tutti i giorni e durante i quindici minuti di corsa pensavo a una sola cosa: come ottenere il dono dell'invisibilità. Era un continuo guardare, darsi di gomito, fare battute goliardiche, improvvisare un coretto scemo. Ogni tanto qualche vecchietta attenta comprendeva la situazione e li prendeva a male parole per proteggermi, ma finiva che io mi sentivo ancora più in imbarazzo e allora avevo cominciato a piazzarmi in piedi di fianco all'autista, sperando che la sua divisa blu evocasse la rigida gerarchia della caserma da cui erano appena usciti. I miei genitori mi avevano raccomandato di ignorarli, di non rispondere alle loro domande, di accertarmi che non mi seguissero quando scendevo dall'autobus. Erano materialmente innocui, ma emozionalmente devastanti. C'è di buono che le raccomandazioni dei miei non servirono mai a proteggermi da nulla: nessuno di loro mi seguì mai fino alla scuola e nessuno andò mai oltre il cameratismo scemo.

Era una delle tante mattine tutte uguali alla fermata dell'autobus. La fermata precedente era quella nella piazza del paese, a un centinaio di metri dalla mia. Potevo vederla nitidamente e ricordo che controllavo col batticuore la quantità di militari che saliva dalla porta anteriore. Più ce n'erano e più l'atmosfera sarebbe stata pesante. Quella mattina saranno stati almeno venti. Pioveva forte e l'autobus era già strapieno, me li sarei trovati praticamente sui piedi. Mentre pensavo a come rendermi meno appariscente possibile, magari calandomi il cappuccio fin sotto la fronte, una Mini grigio topo si fermò subito dopo la fermata, con le quattro frecce accese. Io la guardai tirando su il cappuccio, la pioggia mi si infilava negli occhi ma mi parve di vedere da dentro l'abitacolo una mano che mi faceva cenno di salire. Era la macchina del papà di Marco, uno dei miei migliori amici, e io avevo l'opportunità di risparmiarmi l'orda di diciottenni infoiati scroccando un passaggio. Era la mia mattina fortunata. Aprii rapidamente lo sportello e mi infilai dentro l'auto scusandomi per la quantità d'acqua che stavo per depositare sul sedile. Posai lo zaino sul tappetino e mi voltai per salutare Giovanni. La macchina ripartì in quell'istante. Il saluto mi si spezzò in gola. Quell'uomo stempiato, alto poco più di me e con una polo rossa troppo leggera per quella giornata invernale non era Giovanni. Non era il papà di nessuno dei miei amici. Io non lo conoscevo.

«Allora, come va? Brutta giornata, eh?» mi disse lo sconosciuto senza guardarmi. Risposi che sì, era un brutta giornata. Sentivo l'imbarazzo che mi infiammava il viso, rovistavo nella mia memoria di ragazzina in cerca di un fotogramma che mi rendesse familiare quel volto. «Ma tu sai chi sono?» mi domandò mentre svoltava a destra, sull'Aurelia.

«Ehm, mi sembra di conoscerla... però in questo momento... non mi viene in mente...»

Si mise a ridere. «Ti porto a scuola, so che vai

al liceo, conosco anche tuo padre, tanti tuoi amici, stai tranquilla...»

Mi sentii improvvisamente serena. Era un amico di mio padre, forse lo avevo anche visto con lui qualche volta ma non me lo ricordavo.

«Ti vedo sempre alla fermata, passo quasi tutte le mattine, non mi hai mai notato?»

«No, ma io sono un po' distratta...»

La sua macchina era pulitissima e si sentiva uno strano aroma dolciastro, forse di vaniglia, nell'aria.

«Sei mai stata alle saline a Tarquinia?»

«No, non mi è mai capitato.»

«Se vuoi una volta ti ci porto.»

«Grazie, sì una volta magari...» Mi pareva una proposta gentile, e poi magari saremmo andati con mio padre che amava passeggiare nella natura.

«Però se ti ci porto non lo devi dire a tuo padre e ai tuoi amici, eh? Sai, qui la gente parla troppo e magari giudica male una cosa bella...»

Ero giovane, ero ingenua, sapevo poco della vita, ma in quel momento capii che qualcosa non andava, che quello che mi stava dicendo era subdolo, che la sua voce era insinuante e che i suoi pochi capelli erano troppo unti. Continuò a insistere sul fatto che non dovevo parlare soprattutto col mio amico Gianluca, che Gianluca aveva la lingua troppo lunga e a un tratto realizzai che avrebbe potuto girare la macchina e portarmi dove decideva lui. Ero paralizzata dalla paura. Fissavo la strada che conoscevo a memoria col terrore di una svolta improvvisa, di una scorciatoia a me sconosciuta. L'uomo con la Mini grigia continuava a parlare. «Che poi io ho molte amiche della tua età. Pensa, ho una specie di fidanzatina in Thailandia, lei mi vuole bene, ogni tanto vado a trovarla, sai?» Abbozzai un mezzo sorriso. «Apri il cruscotto, ti faccio vedere la sua ultima lettera, è lì dentro, prendila!»

All'apertura del cruscotto mi investì quell'odore dolciastro che avevo sentito entrando in macchina e che proveniva evidentemente da lì. Afferrai la lettera. La carta era ondulata, come se si fosse bagnata e poi asciugata. Non ci volle molto a capire che qualcuno l'aveva immersa in quel profumo dolciastro e poi infilata nella busta. C'era scritto qualcosa di incomprensibile, in un inglese stentato. La grafia era infantile, c'erano dei cuoricini disegnati da una mano goffa, distinguevo solo un "*Miss iú*" alla fine del testo inserito dentro a una coroncina di fiori secchi, attaccati al foglio con una colla sbavata. Sembrava la pagina di un mio diario delle elementari. Da quel momento non parlai più. Mi limitai a dire dei sì e dei no con un filo di voce e a sorridere quanto bastava per non insinuare il sospetto che avrei tradito il nostro accordo di segretezza. Quando fummo alle porte di Civitavecchia, lo sconosciuto accostò l'auto accanto a un marciapiede.

«Ti lascio qui, che poi magari qualcuno ci vede davanti alla scuola e pensa male...»

Quando la macchina fu ferma mi sentii sollevata. Scampata a qualcosa che non mi era ancora troppo chiaro e che sarebbe diventato più chiaro negli anni, quando il tempo e l'esperienza mi aiutarono a decifrare ogni singolo dettaglio di quel giorno.

«Ci vediamo domani mattina!» mi disse, ormai certo che quel passaggio in auto sarebbe diventato uno dei nostri segreti unti e dolciastri come i suoi capelli e la lettera nel cruscotto.

Quella mattina, a scuola, non parlai con nessuno. Volevo tornare invisibile come ero sempre stata. Volevo salire sull'autobus e sedermi dove capitava, senza dover fotografare la disposizione dei passeggeri e decidere in un attimo quale sarebbe stato il sedile più distante dai gruppetti di ragazzi o dal signore con lo sguardo fisso sulla mia maglietta.

Quando tornai da scuola però mi feci coraggio e parlai con mia madre dell'accaduto. Ricordo che provavo vergogna perché ero salita sulla macchina di uno sconosciuto e temevo che nessuno avrebbe creduto alla storia della macchina uguale a quella del papà di Marco, alla mia distrazione, alla pioggia che aveva confuso la visuale. Mia madre telefonò a mio padre, che era in ufficio, e gli chiese di tornare a casa. Ricordo che parlarono poco e si preoccuparono soprattutto di capire chi fosse quello sconosciuto. Perché no, l'uomo con la Mini grigia non era un amico di mio padre. Me lo aveva detto per rosicchiare un po' di fiducia. Quel giorno ci fu un lungo giro di telefonate agli amici del quartiere, sentivo mio padre chiedere di una macchina grigia, avvertivo una tensione silenziosa tra i miei genitori e il desiderio di lasciare noi figli fuori da questa faccenda da adulti. La mattina dopo non dovetti prendere l'autobus, perché quando mi svegliai mio padre era già sotto la doccia. Al ritorno da scuola, dopo mangiato, i miei genitori mi spiegarono che avevano capito di chi si trattava. L'uomo con la Mini grigia era il papà di una mia compagna di liceo, una ragazzina che era in un'altra sezione e che conoscevo solo di vista perché abitava non lontano da casa nostra. Probabilmente, suo papà mi aveva visto chissà quante volte a quella fermata, fuori dalla scuola o mentre attraversavo la piazza a piedi per andare a danza.

Non seppi mai come i miei genitori risolsero quella faccenda. Non me ne parlarono e io ebbi timore di chiedere. C'erano stanze in cui mia madre e mio padre non mi consentivano di entrare e avevo capito che la soluzione di quel problema era una di quelle. So però che non vidi mai più l'uomo con la Mini grigia, se non molti anni dopo, alla stazione di Civitavecchia. In compenso, continuai a vedere sua figlia per i corridoi del liceo. Prima la notavo appena, da quel giorno, ogni volta che la incrociavo, provavo un senso di disagio. Lei non sapeva nulla, lo intuivo dal saluto distratto che mi rivolgeva. Io sapevo che suo padre era uno schifoso. Non potevo dirglielo, non lo avrei mai fatto e non raccontai mai niente a nessuno dei miei compagni di scuola, ma sentivo che in questo silenzio c'era qualcosa di profondamente ingiusto.

Ricominciai ad andare a scuola con l'autobus. Col tempo, imparai a rispondere a chi mi importunava, a sedermi dove volevo sfidando gli sguardi dei ragazzetti della caserma in libera uscita, a ridere con le vecchiette della stupidità di certi maschi. Soprattutto, imparai precocemente che quello da cui una donna deve difendersi, a volte, non è su un autobus affollato, ma ben nascosto dietro ai vetri appannati di un'utilitaria, in un giorno di pioggia qualunque.

No, l'uomo con la Mini grigia non l'ho mai

perdonato. Quello che non so, è se lui ha mai dovuto chiedere perdono a quella ragazzina che mi diceva «Ciao» in corridoio. E che forse lo ama ancora oggi, senza sapere chi sia davvero suo padre, oltre le pareti di casa.

Il parrucchiere anarchico

Nella scala delle priorità della mia vita ci sono sempre stati, nell'ordine:
a) Il benessere dei miei cari.
b) L'equa distribuzione delle risorse mondiali.
c) La questione dello scioglimento delle calotte artiche.
d) I miei capelli.

I capelli, a dire il vero, rosicchiano una posizione allo scioglimento dei ghiacci nel mese di agosto, quando l'effetto crespo mi genera assai più preoccupazione dell'effetto serra. Sì, sono una donna superficiale, ma condivido questa vacuità con buona parte della popolazione mondiale maschile e femminile, con la differenza che io ho l'ardire di riconoscerlo.

La storia dei miei capelli è travagliata quanto quella dell'eroina di un romanzo russo. Sono sparati, neri e a spazzola appena mi libero della placenta e decidono il mio nome, che sarà "Selvaggia". Diventano dritti e facilmente domabili durante l'infanzia. Acquistano una piacevole piega ondulata in adolescenza. Poi, non si sa per quale legge della fisica o debito karmico da scontare, intorno ai diciotto anni i miei capelli diventano quello che potrei definire l'anello mancante tra la biada per cavalli e i capelli acrilici di Barbie. Crespi, deboli, sfibrati, privi di forza e direzione, indifferenti a piastre e spazzole e senza un riflesso che non sia quello della mia infelicità. Considerato poi che quando avevo diciotto anni il modello estetico era Claudia Schiffer, la quale copriva il fabbisogno tricologico di tutta l'Europa centrale e che continuava insopportabilmente a far svolazzare la chioma bionda in tutte le pubblicità di make-up, shampoo, lacche e biancheria intima degli anni '90, io ero irrimediabilmente frustrata. Mi chiedevo cosa avessi fatto per modificare così la mia capigliatura. Mi domandavo se non fosse stato per via di quella volta che al mare mi ero versata una Peroni da 33 cl in testa perché dicevano che mi sarebbero venuti i riflessi biondi da bagnina californiana. O se non fosse stata colpa del Cristal Soleil, che per chi ha avuto la fortuna di non campare in quegli anni era uno spray schiarente per capelli che prometteva di donarti meravigliosi riflessi dorati rispettando la chioma. Ora, a parte che l'ammoniaca contenuta in quella boccetta aveva lo stesso rispetto per lo scalpo delle occidentali che avevano gli indiani d'America per quello dei cowboy prigionieri, i capelli, dopo due spruzzate, viravano su una tonalità che sì faceva molto estate, ma perché era quella del sorbetto al melone. Non a caso, il Cristal Soleil sparì presto dal commercio assieme al suo ideatore, che è stato probabilmente il personaggio più detestato dalle ragazze anni '90 assieme alla fidanzata di Nick Kamen e alla Sacra Bestia di *Fantaghirò*.

Comunque, io non lo so perché con la maggiore età passai dall'avere dei bei capelli a dei capelli di merda, fatto sta che quando arrivarono le prime extension, intorno al 2000, mi convinsi che fossero venute al mondo per incrociare me sul loro cammino, così come Maradona era venuto al mondo per incrociare un pallone sul suo. Giravano voci inquietanti, sulle prime extension: che fossero chiome radioattive di contadine ucraine, che fossero capelli di ragazze indiane donate a qualche divinità indù e spazzate via con la scopa da finti addetti alle pulizie che invece erano contrabbandieri internazionali di scalpi, i quali scambiavano chili di cocaina purissima con code di cavallo indiane nere e lucide. Insomma, leggende su leggende che io ignoravo felicemente perché l'unica cosa che mi interessava era avere dei capelli bellissimi e di fronte a quell'opportunità trasudavo cinismo che neanche Truman quando decise di bombardare Nagasaki.

Per un po' di anni me ne andai in giro coi miei capelli finti e una felicità sincera. Poi arrivò la prima gravidanza e con la nascita di mio figlio accadde l'impensabile: mi tornarono i capelli dell'adolescenza. Forti, dritti, lucidi, lunghissimi. E anche qui, la scienza non riuscì a darmi uno straccio di spiegazione: in teoria, dopo il parto, i capelli si perdono. A me si erano moltiplicati. Sembrava che a ogni vagito di mio figlio crescessero di un centimetro. Che prendessero un riflesso nuovo. Che a ogni suo ruttino una doppia punta si chiudesse all'istante come una pianta carnivora appena la mosca le si posa sopra.

Divorziai, ma avevo risolto il problema dei

miei capelli di merda: il dover cambiare casa, mantenere un figlio piccolo e cercare un lavoro mi sembravano ostacoli tutto sommato affrontabili. Dopo un po' trovai un fidanzato di cui mi innamorai perdutamente e trascinai la mia chioma da Roma all'ombra del Duomo per vivere con lui. Tutto filò liscio senza ausilio di piastre per un paio d'anni circa, quando un giorno, di punto in bianco, quel fidanzato mi mollò. Ora, si sa che i lutti emotivi possono provocare reazioni di natura psicosomatica anche piuttosto importanti. A mia zia, per dire, per lo stress da licenziamento venne il fuoco di Sant'Antonio. Mio cugino rischiò di finire sotto una macchina e gli venne un herpes labiale grosso come un kiwi. Una mia amica, dopo la morte di sua madre, sviluppò una dermatite sul viso. Insomma, avevo un cospicuo ventaglio di casistiche a cui attingere, volendo, in fatto di eventi psicosomatici deturpanti. Si trattava solo di scegliere. Quel grandissimo, infame, inarrivabile pezzo di merda del mio inconscio tirò fuori dal bussolotto contenente le sue belle palline colorate con su scritto "mani", "stomaco", "faccia", "collo", "schiena", "bocca" e così via, l'unica pallina di cui avevo smesso di preoccuparmi da tempo. Quella con su scritto: "CAPELLI". Una mattina mi svegliai e me ne trovai un mucchietto sul cuscino. Poi cominciarono a venirmi via sotto la doccia, a rimanere nella spazzola, a essere troppo pochi per stare in un elastico senza dover fare un doppio giro. In più, si spezzavano a metà come sotto i colpi di una scimitarra, per cui nel giro di una settimana passai dall'essere la tipa con dei capelli che sembrano seta pura alla tipa che sembra un gatto dopo il salto nel cerchio di fuoco. Ero disperata. La tricologa mi spiegò senza tanti giri di parole che si trattava di una sindrome da stress denominata "Effluvium" e che sarebbe durata almeno un paio di mesi. Nel frattempo, tutto quello che potevo fare era assumere delle vitamine e lavare i capelli con l'acqua fredda per favorire la circolazione sulla cute. Nei due mesi successivi, in Italia, il prezzo degli agrumi si impennò del venticinque per cento circa perché facevo provviste di qualsiasi cosa contenente vitamina C e arance e limoni erano diventati introvabili da Trento a Barletta. Lavavo i capelli alla fonte del Po sul Monviso, in cui l'acqua sgorgava a due gradi di temperatura. Acquistavo non shampoo, ma lavande capillari a 97 euro al millilitro. Non usavo il phon perché il calore era troppo aggressivo, per cui mi aggiravo con i capelli fradici nelle nursery milanesi per asciugarli con alito di neonato. Le provai tutte. Tamponai la situazione con ogni rimedio disponibile e i capelli con asciugamani in cotone indiano del Kashmir. Non ci fu nulla da fare. Alla fine, non mi rimase che tornare al vecchio amore. Non nel senso che mi rimisi col fidanzato, ma nel senso che mi rimisi le extension.

Alla luce di questo triste racconto che come vi avevo anticipato all'inizio è un po' *Fantozzi* e un po' *Anna Karenina*, vi sarà chiaro il fatto che i miei capelli sono memoria e prolungamento della mia felicità o infelicità, a seconda dei casi. Per questa ragione, per me sono sacri come il Gange per gli indiani e qualsiasi incidente o avvenimento nefasto che li riguardi o riguardi i capelli di chiunque, su di me ha delle conseguenze traumatiche. Ho sviluppato una sensibilità anomala e universale sull'argomento. Per me il "Butterfly Effect" è che se il battito delle ali di una farfalla rovina la piega a una ragazza in Alabama, io avverto il suo dolore qui, in corso Sempione.

Questa lunga premessa sulla storia dei miei capelli era necessaria perché potesse comprendere senza pregiudizio alcuno e con i necessari strumenti critici quello che è il racconto di uno dei giorni più infelici della mia esistenza. E siccome voi sarete pure scettici, ma io sono assolutamente convinta del fatto che la storia della mia chioma sia, in fondo, tale e quale a quella di Anna Karenina, quel giorno, guarda caso, è stato la diretta conseguenza di un mio tradimento. Ho tradito la mia parrucchiera di fiducia.

Il romanzo è russo ma inizia a Roma. Mi trovavo nella capitale per girare uno spot e sul set avevo conosciuto una ragazza particolarmente affabile che si era prodigata per farmi avere i migliori truccatori e parrucchieri a disposizione. Il secondo giorno era arrivata più raggiante del solito: uno dei più noti parrucchieri della capitale aveva piacere di offrirmi taglio e colore nel suo salone. Accolsi la proposta con una certa freddezza perché avevo da anni un rapporto monogamo con la mia parrucchiera milanese e si sa, quando una donna trova una parrucchiera che tratta i suoi capelli con la stessa prudente soggezione con cui si tratta la nitroglicerina in laboratorio, è amore per sempre.

«Un taglio e un colore da lui normalmente costano 600 euro. È un peccato se non vai!» insistette la ragazza.

Insomma, mi lasciai convincere. Pensai che la mia parrucchiera non lo avrebbe mai scoperto, che comunque in un rapporto di così lunga data a volte serve una scossa, che era un'avventura in un'altra città e che tornata a casa non avrei mai più pensato "all'altro". La differenza tra un parrucchiere qualunque e un parrucchiere che chiede 600 euro per taglio e colore è che entrambi ti applicano una tinta da 2,90 con base di ammoniaca, ma quello che poi ti presenta un conto da 600 euro, mentre sei seduta sulla tua sedia di design, ti chiede se vuoi un caffè o una tisana al finocchio. Per la cronaca, quando arrivò da me il ragazzo che mi avrebbe fatto il colore, stavo appunto sorseggiando una tisana al finocchio. Inoltre, sfogliavo con aria di sufficienza una rivista sulle più belle case nel Mar Egeo, perché un'altra differenza tra un parrucchiere qualunque e uno che ti chiede 600 euro per un taglio è che nel secondo non ti puoi fare una sacrosanta cultura sui capricci del principino George o sulla cellulite della Kardashian, no. Devi sapere a quanto stanno le case a Santorini. Comunque, il ragazzo che si sarebbe preso cura di me si chiamava Luca, e mentre si accertava che la tisana al finocchio fosse di mio gradimento spulciava le radici dei miei capelli sollevandoli leggermente, con un'aria appena schifata. «È un mesetto che non faccio il colore, il mio castano chiaro è un po' smorto, lo so» mi ero giustificata.

«Ma no guardi, è che qui abbiamo almeno quattro colori diversi. La base mi è un po' scura, la crescita mi è più chiara, le punte dei suoi capelli mi sono sul cenere e le extension mi vanno un po' sul giallo, dobbiamo rendere il tutto più uniforme.»

«Ahahah, descritta così sembra più o meno la composizione interna del Pd.»

«Scusi?»

Niente, Luca era sicuramente il mago della forbice, ma non dell'ironia. Fatto sta che mi convinse dell'assoluta necessità di intervenire con dei colpi di luce e io acconsentii specificando che però non volevo nulla di così diverso dal mio colore, anche perché avevo cominciato a girare uno spot, per cui le scene del giorno dopo dovevano essere legate alle precedenti.

«Stia tranquilla, sistemiamo tutto senza farci troppo notare...» mi garantì Luca.

Poi sparì nel retro del negozio a preparare la miscela e mentre sgranavo gli occhi apprendendo che un monolocale a Nasso costa quanto l'Air Force One mi squillò il cellulare. Era il mio commercialista che mi preannunciava l'imminente invio dell'acconto IVA da pagare. Quando mi disse la cifra meditai di chiedere a Luca se poteva rimettere la tinta nel barattolo e darmi 600 euro in contanti. Cominciai a borbottare le banalità in serie che borbottiamo a tutti i commercialisti del mondo. «Eh ma qui non si può lavorare per pagare le tasse!» Nel frattempo Luca mi stava applicando quella che aveva tutta l'aria di essere una cartina. «Qui tutti scaricano qualsiasi cosa, io non scarico nulla!», «Mannaggia al giorno in cui ho aperto la partita IVA!», «Poi dice che la gente evade le tasse!», «Ma perché devo versare un acconto allo Stato su soldi che ancora devo guadagnare?!»

Credo di aver aggiunto anche qualcosa sul fatto che prima era tutta campagna e che il cane è bello ma i gatti sono più indipendenti, fatto sta che avevo inveito contro il mio povero commercialista per mezz'ora e non mi ero resa conto che Luca aveva finito il lavoro. Avevo il cellulare lercio di tinta e lui stava fumando una sigaretta sul terrazzo, mentre controllava Facebook o non so cosa sul telefono. Mi guardai allo specchio. Avevo così tante cartine in testa che riflettevano la luce del sole sul soffitto creando un effetto strobo naturale molto anni '80. Forse per colpi di luce si intendeva quello, pensai. Trascorsero altri dieci minuti in cui meditai di diventare, nell'ordine:

a) Un evasore parziale.

b) Un evasore totale.

c) Fabrizio Corona.

Poi il pensiero svanì e mi ritrovai a riflettere sulle questioni serie dell'esistenza, ovvero sul perché un parrucchiere costoso e all'avanguardia facesse un così largo consumo della carta stagnola sui capelli, quando le mèche erano passate di moda da almeno vent'anni.

Luca rientrò serafico con un bicchiere di plastica utilizzato come portacenere in mano. Lo andò a buttare da qualche parte e tornò a presidiare i miei capelli. Sorrise beato, aprì con prudenza una delle cartine, controllò lo stato del colore, la richiuse di fretta e sentenziò: «Andiamo al lavaggio!». Durante lo shampoo Luca non proferì parola. Durante l'applicazione della maschera nemmeno. Durante il risciacquo men che mai. C'era uno strano silenzio nell'aria. Mi avvolse i capelli nell'asciugamano, mi riaccompagnò al mio posto e prima di mostrarmi il risultato buttò lì: «Non tenga conto del colore dei capelli quando sono bagnati, eh!».

L'avvertimento suonava piuttosto sinistro. Che vuol dire: "Non tenga conto del colore dei capelli quando sono bagnati"? Sono capelli, mica la vernice del cancello che deve ancora asciugare. Mi sfilò l'asciugamano lentamente, come a volermi preparare gradualmente al trauma. Gli dissi: «Ehi, è un asciugamano, mica il telo dell'autopsia!». Ero stata ottimista. Il morto c'era. E quel morto erano i miei capelli. C'era una strana poltiglia arancione sulla mia testa. Un qualcosa a metà tra una coda di volpe e un ananas troppo maturo.

«Ma... Ma... Non sono troppo... Chiara?» Volevo dire "arancione", ma anche solo pronunciare quell'aggettivo mi feriva al cuore.

«Ma nooooo, sono luminosi, ora li asciughiamo perché i capelli bagnati ingannano!»

Aveva ragione lui, perché in effetti ingannavano. Erano color zucca di Halloween, non ananas. E non solo. Erano tutti bruciacchiati sulle lunghezze, con quell'effetto "capello su fiamma di candela" che risvegliava in me gli incubi peggiori della mia storia tricologica. Luca provò a negare l'evidenza. L'evidenza, gli spiegai io, è che stava per morire, perché io non gli avrei permesso di sopravvivere a quello che aveva appena fatto. Ero una madre di fronte all'assassino di suo figlio. Allora propose di "sistemarmi subito" con un altro colore, garantì che sarebbe tornato tutto a posto in un attimo, io gli dissi che non mi sarei più fatta toccare da lui neppure se si fosse trattato di aiutarmi a staccare un pitbull dalla giugulare. Poi, dopo la fase degli insulti, cominciò la fase del down. Iniziai a piagnucolare, ad accasciarmi sul divanetto del salone in preda allo sconforto, a ipotizzare un futuro in cui avrei indossato solo parrucche cinesi e un colpo di vento improvviso, a un aperitivo in Sempione, mi avrebbe lasciata calva, con un Moscow Mule in mano, tra l'ilarità generale.

«Come farò a presentarmi al matrimonio di mio figlio in questo stato?»

«Ma suo figlio non ha dodici anni?»

«E chi mi dice che non sposerà una sposa bambina in Rajasthan?» replicavo.

Arrivò dunque la fase successiva: quella delle minacce di ritorsioni. Avvisai Luca che avrei parlato col suo capo per farlo licenziare, con sua madre per farlo diseredare, con Carlo Cracco per farlo tostare su piastra con del mais francese. Gli augurai di diventare il focolaio primordiale di un nuovo ceppo di alopecia per cui sulla sua cute non si sarebbero staccati solo i capelli a chiazze, ma su quelle chiazze sarebbero nati palmizi africani inestirpabili. Gli augurai anche di farsi il percorso karmico al contrario e di reincarnarsi in un lupino. Di risvegliarsi stambecco, di non riuscire a passare più dalla porta della sua camera per via delle corna e di morire di stenti. Di sviluppare un'allergia alimentare a tutti gli alimenti a eccezione del tofu bio.

Poi andai via dal salone piangendo, chiamai la mia parrucchiera ammettendo che avevo sbagliato, l'avevo tradita ma l'amavo ancora e doveva perdonarmi. La mia parrucchiera fu comprensiva, mi spiegò che queste cose capitano anche nei rapporti più consolidati e però me la fece pagare dandomi un appuntamento dieci giorni dopo. Quei dieci giorni furono terribili e lo furono per due persone più ancora che per me: per i miei due conviventi, ovvero mio figlio e il mio fidanzato. Anche un timido «Mamma, mi aiuti con i com-

piti di matematica?» del mio bambino diventava «Non sai fare da solo, eh? Lo sai che Einstein all'età tua si occupava di moto browniano anziché di carte Pokemon e poi come pretendi che possa darti una mano nei compiti quando ho così tanto da fare? Pensi che preparare una maschera capillare con tuorli d'uovo d'airone cinerino sia più facile di una divisione a due cifre, ehhhh?».
In compenso, un «Amore, sei bellissima anche così!» del mio fidanzato aveva come conseguenza un molto più sintetico «Vaffanculo!».

Insomma, fu un periodo durissimo in cui smarrii il senso del ridicolo, delle proporzioni, il concetto di relatività dei problemi e la dignità. Col tempo (e con molte maschere e bagni di colore) il sole e i miei colpi di luce tornarono a splendere, ma no, Luca non l'ho mai perdonato. Perché i capelli ricrescono in qualche mese. Per l'autostima ci vuole sempre, dannatamente un po' di più.

Miss San Giacomo di Roburent

Era agosto, avevo quindici anni e mi trovavo in vacanza a San Giacomo di Roburent, un paesino di montagna nel cuneese in cui mia nonna possedeva una piccola casa con vista sul monte Colmè. Avevo amato i pomeriggi oziosi, le passeggiate nel bosco, il cono gelato a metà pomeriggio, il circo a Ferragosto e la gita fuori porta a Mondovì per tredici lunghi anni. A quattordici avevo cominciato a manifestare i primi segni di insofferenza. A quindici avevo implorato i miei genitori di non mandarmi in esilio lassù. Avevo promesso che se non mi avessero condannata alla montagna mi sarei diplomata con 60/60, avrei preso una laurea in ingegneria aerospaziale, avrei sposato il giovane rampollo di una famiglia di bilionari kazaki e avrei sistemato tutta la famiglia dalle radici alle fronde del nostro albero genealogico. Non ci fu verso.

Nel paese, per i ragazzi dai quattordici anni in su, c'era un unico punto di ritrovo: la sala giochi. La sala giochi era una specie di postribolo fumoso, con gli interni interamente rivestiti di legno, che si divideva in due zone: il lato est era destinato ai tavoli con le consumazioni alcoliche e a una clientela di ragazzi principalmente maggiorenne, il lato ovest era quello con i giochi e quindi riservato soprattutto ai miei coetanei minorenni. Il problema era che non conoscevo nessuno, che i ragazzi della mia età erano quasi tutti liguri o piemontesi nella stessa comitiva estiva da anni e che io non avevo idea di come fare per socializzare con qualcuno. Poi, un giorno, ebbi l'illuminazione. Mi presentai in sala giochi con una banconota da 20.000 lire che mia nonna mi aveva regalato per la promozione in quarta ginnasio e la cambiai tutta in gettoni. Tutta. Mi trascinai con quattro chili di marsupio in sala giochi e iniziai a giocare a *Pac-Man*. La scelta di giocare a quello e non ad altro era strettamente tattica: il gioco di *Pac-Man* era ubicato esattamente di fianco a quello di *Double Dragon*, che era il più in voga in quel periodo, per cui in quella precisa zona della sala c'era un assembramento di ragazzi e ragazze che a conti fatti costituiva il settanta per cento della popolazione estiva di San Giacomo. Era la mia unica occasione per rivolgere la parola a qualcuno sotto gli ottant'anni in quel lungo, infinito agosto del 1989.

Un cauto «Di dove sei?» arrivò al primo fantasmino blu. Alla centesima pillolina ingoiata dal mio Pac-Man ero «la romana caruccia». Al gettone numero diciotto infilato nella fessura del videogioco ero già fuori dalla sala giochi a mangiare un cono Sanson con i miei nuovi amici estivi, felice nelle mie Superga color salmone. Tra parentesi, la ragione per cui tutti gli adolescenti dell'epoca si ostinavano a indossare una scarpa da ginnastica (la Superga) che cinque minuti dopo averla calzata emanava il fetore di una carcassa d'alce al nono giorno di decomposizione sarà sempre mistero fitto. Comunque, i giorni passarono, io cominciai a diradare le mie tappe presso la cabina telefonica del paese per sentire qualche amico lasciato a Civitavecchia e presi a uscire anche la sera dopo cena, entusiasta del mio nuovo giro di amici del Nord. In particolare, avevo legato con Gaia, che faceva la cantante in un gruppo heavy metal di Arenzano che già a dirlo faceva ridere tutti, e con Fabrizio, un ragazzino dinoccolato con una fede genoana incrollabile e una cotta per me altrettanto incrollabile di cui però io fingevo pietosamente di non accorgermi perché mi era simpatico e non volevo deluderlo.

A San Giacomo, nel giro di una settimana, diventai una specie di celebrità. Ero la novità, venivo da una città a sud di Massa-Carrara, quindi possedevo un fascino decisamente esotico e in più avevo mezza comitiva che mi corteggiava spudoratamente, per cui non solo non avevo più voglia di tornare a Civitavecchia, ma già piagnucolavo al telefono con mia mamma perché mi lasciasse lì fino alla prima settimana di settembre. Un pomeriggio di quelli in cui a San Giacomo non succedeva nulla (cioè tutti), mi sedetti con Gaia sul prato di fronte alla sala giochi. Ricordo che stavamo sfogliando insieme «Cioè», ovvero il Google dei nostri tempi, ovvero quelle venti pagine di rivista da teenager destinate a insegnarci ogni cosa del mondo – da come si bacia un ragazzo con la lingua a se si possa rimanere incinte attraverso lo sfregamento dei vestiti – quando il fragore di una risata femminile interruppe le nostre letture di alto livello. Una ragazza era appena scesa da una jeep bianca e tutte le persone che bivaccavano con lo sguardo da ruminante annoiato avevano la mandibola aperta a mezz'asta, come nelle barzellette della «Settimana Enigmistica». La ragione era cristallina. Quella ragazza era un Boeing caduto nel chiostro di un convento, un asteroide piombato sul tavolino del pranzo della domenica, una pioggia di grandine nel deserto di sale boliviano. Capelli neri lunghissimi con delle onde anni '50 da diva del cinema, occhi più azzurri del cielo che ciondolava sulle nostre teste e due gambe lunghe e sottili che parevano canne di bambù, quella ragazza era schifosamente bella. In più, aveva forse diciannove anni, ma ancheggiava e gesticolava con una grazia che pareva arrivare da salotti altolocati e collegi francesi.

«Ah, eccola qui anche quest'anno!» farfugliò Gaia infastidita.

«Ma chi è?»

«Roberta Vareschi, una di Genova. Fa la modella, è una specie di testimonial di Elvström, mesi fa l'ho vista su un cartellone nella mia città con una giacca a vento rossa. Mi sta sul cazzo comunque.»

«E perché viene qui?»

«Di solito sta a San Giacomo qualche giorno perché è fidanzata con quel ragazzo che era sulla jeep con lei, lui ha una casa di famiglia qui, sai i Poretti? Gente con i soldi...»

«Ah, ma quelli con quella specie di baita gigantesca all'ingresso del paese?»

«Sì, mia madre ieri diceva a mio padre che stanno litigando con sindaco e assessori di queste parti perché non gli fanno costruire la piscina in giardino, poverini...»

«Be', comunque lei è bellissima...»

«Sì, solo che a furia di sentirselo dire se la tira come l'arco di Robin Hood.»

Il discorso finì lì, Roberta Vareschi sparì nel bar cinguettando col suo rampollo e io e Gaia continuammo a sfogliare «Cioè» per sapere qualcosa di più di quella faccenda che se ti schiaffeggi il seno prima di andare a letto diventa più turgido.

La vigilia di Ferragosto, proprio di fronte alla sala giochi, arrivò una novità destinata a rivoluzionare quella vacanza: i calci in culo. Tutte le sere, tutta San Giacomo di Roburent saliva sulle seggioline della giostra per tamponarsi allegramente e strappare il pennacchio dalla corda. Insomma, gocce di mondanità distillata. Dopo una settimana di frenetica attività sui calci in culo, accadde che una sera un tizio mai visto cominciò a tamponarmi freneticamente per tutta la corsa. Era chiaro che lo faceva di proposito e infatti, appena scesi, venne a presentarsi.

«Ciao, sono l'organizzatore di Miss San Giacomo, ti ho notato qui sulla giostra, che ne dici di partecipare?»

Lui era vestito come un giostraio serbo, con dei mocassini troppo lucidi e una camicia troppo anni '70, ma a me parve subito una proposta sfavillante. Mi vedevo già sorridente sulla copertina di «Cioè», assaporavo l'idea degli stickers con la mia sagoma e il poster centrale da staccare in cui ammiccavo pettinata come Madonna, con il fiocco di pizzo bianco e una cotonatura oscena. Il tizio, che poi scoprii essere anche il proprietario della discoteca "Il cigno" in cui la sera dopo si sarebbe svolto il concorso, mi disse solo di vestirmi carina e di presentarmi alle 23,00 con i documenti.

Quella notte non dormii. Il mattino dopo chiamai i miei genitori dalla cabina a gettoni e comunicai loro entusiasta che mi avevano chiesto di partecipare a un concorso di bellezza. Il fatto che la popolazione femminile tra i quindici e i venticinque anni a San Giacomo di Roburent fosse composta al massimo da venti ragazze di cui forse solo la metà esteticamente competitive, non lo avevo neppure preso in considerazione. Mi sentivo lusingata come se mi avessero scelta tra settecento modelle internazionali per diventare il nuovo angelo di Victoria's Secret.

Arrivai in discoteca alle 23,00 in punto. Indossavo l'unica minigonna che possedevo, una maglietta a righe con lo scollo a barca e un paio di All Star rosa. Mi sentivo Vanessa Paradis in *Joe le taxi*. Gaia e Fabrizio mi aspettavano già lì, pronti a tifare per me. Fuori dal locale c'era la più lunga fila di persone mai avvistata in paese dopo quella all'unico panificio alle otto e trenta del mattino, naturalmente. Pare che fossero arrivate un sacco di persone pure dai paesi circostanti, anche perché da quelle parti, più che la sagra del fungo prataiolo e un concerto di Nico e i gabbiani, ad agosto non succedeva nulla. In realtà, a guardarli bene, i miei amici non avevano la faccia elettrizzata da claque.

«Che succede?» domandai perplessa.

«Senti, fai ancora in tempo ad andare a casa. Si è presentata anche Roberta Vareschi, partecipa al concorso» mi avvisò Gaia. La mia cotonatura si sgonfiò come un palloncino al sole.

«Ma, ma... fa la modella, è famosa, cosa le importa di vincere Miss San Giacomo di Roburent?» replicai io improvvisamente avvilita. Intervenne Fabrizio, che per l'occasione aveva una maglia del Genoa col nome di Gianluca Signorini sulla schiena e mi guardava come fossi una dea: «Boh! Non lo so cosa gliene freghi, comunque tu sei più bella di lei e anche se qualcuno non lo capirà la seconda classificata vince un buono da 100.000 lire da spendere al negozio di sci, io al posto tuo parteciperei». Per la cronaca, il primo premio era un televisore Grundig 12 pollici, che nel 1989 era come dire un plasma 3D Bang & Olufsen.

Gaia non era d'accordo: «Le arrivi all'ombelico e poi lei è una donna, tu sembri sua figlia... dai andiamo a farci un giro sui calci in culo che a mezzanotte chiudono, perché devi dare soddisfazione a quella stronza di arrivare seconda o addirittura terza...».

Già, perché pure la figlia del gelataio del corso non era male, c'erano dei miei amici che si facevano fuori anche dodici coni al pistacchio a pomeriggio pur di essere serviti da lei e in più era una bellezza locale, per cui fino a quel momento l'avevo ritenuta la competitor più temibile (anche perché la giuria era interamente composta da sindaco e assessori locali).

«Guarda che al negozio di sci sono arrivati i Moncler arancioni per l'inverno... non sarebbe male come premio di consolazione!» disse Fabrizio. Avevo sempre desiderato il Moncler, ma mia madre si ostinava a comprarmi un piumino tarocco che si chiamava Limoncler e che vendevano in centinaia di pezzi al mercato di Civitavecchia. L'ipotesi di poter indossare un Moncler originale nell'inverno a venire e di non dover nascondere il logo a forma di limone di Limoncler sotto una toppa mi convinse in via definitiva che il secondo posto valeva la candela. Cinque minuti dopo ero già dietro a due paraventi di paillette che fungevano da quinte con le altre nove concorrenti.

Le altre nove concorrenti erano, nell'ordine:

1) Maria Giovanna, una diciassettenne di Savona piuttosto carina ma con una forma di acne virulenta che aveva coperto con sei centimetri di fondotinta Deborah che si stava sciogliendo inesorabilmente.

2) Lucia, una ragazzina che dichiarava quindici anni ma ne dimostrava undici e aveva il cotone che le sbucava dal reggiseno viola sotto al top di pizzo.

3) Margherita, la figlia dell'unico elettricista del paese, noto alle cronache perché era riuscito a far ripartire i calci in culo la sera di Ferragosto ed era stato portato in spalla come il santo patrono.

4) Una ragazza biondissima mai vista prima a San Giacomo e squalificata prima dell'inizio della gara perché segnalata come in vacanza a Mondovì e dunque infiltrata.

5) Sua sorella, squalificata pure lei.

6) La figlia del gelataio, che per l'occasione indossava una T-shirt tagliata sopra l'ombelico con su scritto "Gelateria Fratelli Fontana".

7) Una ragazza che era alta quanto il Grundig in palio e aveva una peluria sulle braccia che Diego Abatantuono in confronto era glabro.

8) Una procace imperiese di nome Luna che dichiarava venticinque anni ma probabilmente intendeva dire che aveva venticinque anni di matrimonio alle spalle.

E infine lei, Roberta Vareschi, che per l'occasione indossava un abito verde smeraldo che le arrivava appena sotto al sedere e quattordici centimetri di tacco che erano tutto fuorché una scelta estetica: Roberta Vareschi, col suo metro e ottanta scalza e l'aggiunta di quei quattordici centimetri che la rendevano la terza cima più alta delle Alpi piemontesi, desiderava indubitabilmente umiliarci. Accanto a lei, noi altre sembravamo i nani accanto a Biancaneve. Avrebbe vinto anche se si fosse presentata con gli zoccoli olandesi, con i calzari del Ris, con i piedi palmati, ma non le bastava vincere. Doveva farci sentire ridicole, ruspantelle, inconsapevoli dei nostri limiti. Cosa che in effetti le riuscì benissimo.

L'umiliazione si perpetrò per tutto il resto della serata. Noi sfilavamo davanti ai giudici con l'andatura dei granatieri di Sardegna, lei ancheggiava con la leggerezza di un fuscello. Noi eravamo vestite come delle ragazze di paese appena scese da un cubo, lei come una ragazza di mondo appena scesa dalla scaletta di un aereo. Lei, interrogata dalla giuria di politici locali su cosa volesse fare da grande o su cosa la preoccupasse del mondo, rispondeva «Vorrei occuparmi di moda, settore lusso» e «Quello che mi preoccupa del mondo è che dopo Chernobyl si consideri ancora l'energia nucleare sicura». La figlia del gelataio, alla domanda «Parliamo di America, ti piace Bush?», rispose «Il blush mi piace ma preferisco sempre chiamarlo fard». L'imperiese procace, alla domanda «Se ti potessi reincarnare in un personaggio del passato chi ti piacerebbe essere?», rispose «Adolf Hitler, così potrei smettere di farmi la ceretta ai baffi che mi fa irritazione». Io, alla domanda «Qual è il tuo attore preferito?», dissi «La pace nel mondo» perché mi ero preparata quella risposta per non sbagliare.

Insomma, Roberta Vareschi ci aveva fatte sentire un'armata Brancaleone di aspiranti reginette di bellezza. Durante l'ultima passerella, gli applausi tiepidi riservati a noi altre e il tripudio riservato a lei ci avevano dato il colpo di grazia. Sedevamo sconsolate dietro ai séparé luccicanti in attesa del verdetto con l'unica curiosità di scoprire a chi sarebbe andato il buono per il Moncler arancione. Fu lì che mi capitò di ascoltare una frase detta di sfuggita, di quelle che ti accendono una lampadina nel buio pesto. Roberta Vareschi era in piedi di fianco a me. Il suo fidanzato ricco, Giacomo Poretti della famiglia Poretti che aveva litigato con i politici locali per la piscina etc etc, si era affacciato al séparé per salutarla. Lo sentii bisbigliarle: «Voglio vedere la faccia di questi stronzi quando ti premiano e arriviamo io e mio padre ad abbracciarti».

Insomma, Roberta Vareschi era lì a ricordare ad assessori e sindaco che i Poretti non erano solo ricchi e arroganti, ma pure quelli con le donne più belle. Non gliene fregava niente del titolo, la famiglia Poretti voleva solo fare una pisciatina sull'albero più alto. La Vareschi gli stampò un bacio sulla bocca e tornò beatamente a ignorarci, attendendo la formalità di dover indossare la fascia e portarsi via il suo Grundig 12 pollici, che per la cronaca non valeva un decimo del brillocco di fidanzamento che sfoggiava sull'anulare. Io pensavo che se fossi arrivata terza mi sarei pure dovuta portare quella coppa oscena a casa e quindi puntavo al secondo o al più probabile quarto posto, visto che la milf imperiese aveva ringalluzzito un bel po' il sindaco dicendogli: «Lei è proprio un bel ragazzo». Il sindaco aveva ottantuno anni e due medaglie al valore sul comodino per un'imboscata ai tedeschi sul Tanaro.

Era arrivata la busta. Il conduttore, che poi era il proprietario dell'edicola del paese con velleità artistiche mai abbandonate nonché una specie di lama barbuto che sputacchiava a ogni consonante, tirò fuori il cartoncino col nome della miss vincitrice e con un'imitazione mal riuscita di Celentano che in realtà pareva Renato Zero con una tracheite urlò col microfono ormai intriso di saliva: «Miss San Giacomo è... Selvaggia Lucarelli!!!».

Io scattai dalla sedia come se fossi stata appena morsa da un cobra reale. Non capivo cosa stesse succedendo. Roberta Vareschi mi guardò (con disprezzo) per la prima volta e capii con commozione che, pur avendomi sempre ignorata, era in grado di collegare il mio nome alla mia faccia. Le altre erano incredule quanto me. La gelataia corse ad abbracciarmi dimostrando una nobiltà d'animo che per via della sua maglietta con sponsor avevo colpevolmente sottovalutato. La Vareschi, che già stava raccogliendo le sue cose, si voltò un secondo ancora nella mia direzione per interrompere quell'attimo di affetto inatteso.

«Non hai vinto perché sei la più bella, cosa credi?»

Sapevo che aveva ragione. Il conduttore mi richiamò sul palco e io non feci in tempo a incassare la frase della Vareschi che le mie orecchie udirono quelli che potevano definirsi inequivocabilmente, drammaticamente, clamorosamente dei sonori fischi. Il pubblico protestava per quella decisione incomprensibile e lo faceva senza preoccuparsi troppo del fatto che io dovessi affacciarmi da quel séparé per indossare la fascia della più bella. Ricevetti la fascia tra i fischi, ringraziai la giuria tra i fischi, ebbi i fiori tra i fischi, presi il mio Grundig tra i fischi, feci l'ultima passerella tra i fischi, salutai tra i fischi e piansi, amaramente, dietro le quinte tra i fischi. Dovevo essere Nadia Bengala annunciato il podio e invece ero Bettino Craxi annunciata Mani Pulite. Fui la prima miss eletta della storia a piangere non di gioia ma di tristezza. Nel frattempo il conduttore proclamò la seconda classificata, che era la Vareschi, la quale però era andata via stizzita, per cui il secondo posto se lo accaparrò la gelataia e il terzo la procace imperiese che per ringraziare il sindaco del podio gli diede una clamorosa slinguazzata.

Avevo vinto per un dispetto e ahimè non ero l'unica ad averlo capito. La Vareschi aveva partecipato a sua volta per fare un dispetto e non tutti avevano capito. Il risultato fu che quella vittoria assestò un colpo durissimo alla mia vita sociale negli ultimi dieci giorni di montagna che mi rimanevano e rovinò la mia vacanza. Mi sentivo una ladra di fasce e di Grundig 12 pollici e non avevo più voglia di farmi vedere in giro.

Il giorno della mia partenza per Roma, Fabrizio mi aspettò fuori dal cancello per salutarmi. «Per me non ti hanno votata per dispetto. Ti hanno votata perché eri la più bella» mi disse con un sorriso triste.

Non so perché mi sentii in dovere di giustificarmi: «Senti Fabrizio, mi dispiace se… sì insomma, purtroppo per me sei sempre stato solo un amico…».

Mi interruppe subito: «Non mi devi dare spiegazioni. Non sono mica la Vareschi io… li so accettare i secondi posti. Ciao, bella romana!».

Quello fu il mio ultimo anno a San Giacomo

di Roburent, ma da quella vacanza imparai due cose: che ci sono persone che sanno perdere, come Fabrizio, e altre a cui non basta vincere. Devono anche umiliare l'avversario. Ecco, Roberta Vareschi fu il mio primo incontro con quelli che a furia di vincere iniziano a sbadigliare. E per smettere di sbadigliare devono vederti piangere, soprattutto se sei nel bel mezzo di una festa.

P.S. Quell'anno mia madre mi regalò un Limoncler arancione raccapricciante.

Il ragazzo gentile

Il 15 luglio del 2014 era una di quelle giornate in cui l'estate dà il meglio di sé. Il caldo non si appiccicava addosso, il cielo prometteva un weekend di fughe al mare, Milano era ancora popolata ma non troppo. Quella mattina avevo ricevuto una notizia meravigliosa che mi garantiva lavoro e uno stipendio rassicurante per l'anno a venire, mio figlio mi aveva detto che ero la mamma migliore del mondo e in più mi ero svegliata con una faccia distesa, turgida, sgonfia, di quelle che a quarant'anni capitano sempre più di rado e che talvolta si recuperano a metà giornata. Il solito merlo era venuto a farmi visita sul terrazzo, mentre facevo colazione, e per la prima volta aveva accettato di ricevere una briciola dalla mia mano. Il croissant che avevo acquistato la sera prima nella panetteria sotto casa era ancora fragrante e l'ortensia nel vaso blu era sbocciata in un tripudio di colori sulla scala del rosa antico. Mi sentivo una nobildonna in un giardino inglese, a inizio Ottocento. Mia madre mi aveva chiamata all'ora di pranzo per raccomandarmi di non perdere il treno, e per la prima volta non avevamo battibeccato con un pretesto qualunque. Anzi, mi aveva perfino detto: «Non vediamo l'ora di vederti!».

Sarei andata a Civitavecchia per festeggiare il compleanno di mio padre che compiva ottant'anni e che, accidenti, per me era sempre quel ragazzo delle foto in bianco e nero col sorriso da attore americano. Il tassista che mi aveva portato in stazione aveva il POS, ascoltava musica da camera, aveva una macchina che profumava di lavanda e una voce gentile, con la quale mi aveva augurato una splendida giornata appena giunti in stazione. I treni erano tutti in perfetto orario. All'altezza del binario 8 avevo incontrato un mio amico d'infanzia che cercavo di rintracciare da anni e che pareva introvabile. Ci eravamo salutati buttandoci le braccia al collo e promettendoci di non perderci mai più di vista. Lui mi aveva detto che ero sempre la ragazzina che saltava la corda, io gli avevo detto che era sempre il ragazzino che calciava il pallone oltre la siepe. Il capotreno mi aveva strizzato l'occhio complimentandosi per la mia eleganza ed ero salita sulla mia carrozza, che era la 4, ovvero la più comoda e vicina al bar.

Era una giornata perfetta.

Non facevo che pensare a questo mentre il treno alle 15,00 spaccate si lasciava alle spalle la stazione di Milano Centrale. Come se non bastasse, proprio di fronte a me, se ne stava seduto in modo composto un ragazzo incredibilmente bello. Leggeva *Libertà* di Jonathan Franzen ma di tanto in tanto alzava lo sguardo per sorridermi deliziosamente. Mi sorrise anche quando afferrai la mia borsa per infilarla nella cappelliera. Addirittura si alzò, perché era chiaro che era sintonizzato sul resto del mondo, sul merlo che beccava dalle mie mani, sull'ortensia che fioriva, su mia madre che mi parlava con gentilezza, sul lavoro che ingranava, sull'amico di infanzia che mi abbracciava, sul tassista erudito e su quel profumo di lavanda nella sua macchina. Fu così che mi strappò la borsa dalle mani con virile gentilezza e, chinando leggermente la testa in segno di riverenza, disse: «Lasci fare a me, SIGNORA».

S-I-G-N-O-R-A.

Era il primo uomo a chiamarmi signora dal primo vagito a quel 15 luglio.

E quella – 'fanculo il merlo, il lavoro, la lavanda, l'estate, la musica da camera, i croissant e l'amico d'infanzia – fu la peggior giornata di merda della mia vita.

Mister Amuchina

Winston Churchill trascorreva una significativa parte della sua giornata nella vasca da bagno. No, non se ne stava lì con sali del Mar Morto, candele e musica tibetana per stemperare la preoccupazione per le rivolte marxiste. Era ossessionato dalla pulizia. "Rupofobico" si dice in gergo psichiatrico. Non ho idea di cosa abbia fatto dopo aver stretto la mano a Stalin durante il vertice di Jalta, ma nella migliore delle ipotesi è corso in bagno e se l'è sfregata con la spugnetta abrasiva per i piatti.

Questa premessa per dire che io sono stata fidanzata con Winston Churchill. Cioè, non lui, evidentemente, ma un uomo al cui confronto Winston Churchill era un suino nero dell'Etna che si rotola allegramente nel suo sterco.

L'esperienza con Mister Amuchina, va detto, arrivò dopo una collezione di casi umani da manuale che appartenevano a una qualunque di queste categorie, talvolta riuscendo perfino nell'abile impresa di essere inclusi in più di una: narcisisti, aridi, mitomani, sposati, molli, tirchi schifosi, fidanzati, conviventi, separati depressi, separati vendicativi, separati disillusi, stakanovisti patologici, eremiti, egoisti, malati di figa, adoratori del dio denaro, esibizionisti, egoriferiti, finti giovani, autentici vecchi, giovani vecchi, predatori seriali, impegno-fobici, bipolari, sessuomani, misogini e competitivi incazzati.

L'unica cosa che mi confortava in quel periodo è che pensavo di averle viste tutte. Di aver classificato ogni singola specie maschile con la pazienza con cui l'entomologo classifica i blattoidei (l'analogia non è casuale) e di avere gli anticorpi per poter sopravvivere a tutto. E invece, come al solito, avevo sottovalutato la sconfinata creatività degli uomini quando si tratta di escogitare nuovi, ingegnosi metodi per rovinarci l'esistenza.

Mister Amuchina fece la sua prima apparizione nella mia vita con una cavalleria che mi parve merce rara, nonché indizio di una delicatezza d'animo ormai perduta. Mi inviava fiori con bigliettini carichi di promesse d'amore eterno e senza inciampi, si struggeva di malinconia quando partivo per lavoro, non lasciava la mia mano neppure mentre guidava la sua BMW lucida e immacolata. Io ero reduce dalla storia con un tizio che aveva inviato l'sms "Oggi quella rompicoglioni di Selvaggia è a Roma, ci vediamo a casa tua, bomberona?" a me, quindi quell'amore tenero e travolgente pareva una benedizione celeste. L'approdo naturale della faccenda fu che Mister Amuchina, una sera di settembre, mi guardò negli occhi con la palpebra a mezz'asta da innamorato marcio e mi domandò con un filo di voce: «Ti va di venire a vivere con me?».

Certo che mi andava. Sarei andata con lui pure a tirar su un muretto di cinta in campagna, a sminare campi in Mozambico, a pulire durian in Birmania. E così fu. Ad appena due mesi dal nostro primo, casuale incontro davanti all'edicola del suo quartiere, io e lui condividevamo la stessa targhetta sul citofono e un loft di tre piani nel centro di Milano, a pochi passi da piazza Liberty. Il loft, chiaramente, era suo, anche perché io in quel periodo non avevo un euro, vivevo in un monolocale in periferia con mio figlio piccolo e c'erano dei giorni in cui mi sentivo Erin Brockovich prima di vincere la causa con la Pacific Gas & Electric. Già. Perché mi ero dimenticata di aggiungere un tassello importante di questa vicenda: Mister Amuchina aveva generosamente aperto le porte del suo loft non solo a me ma anche al mio piccolo uomo nato da un matrimonio ormai morto e sepolto. Mio figlio all'epoca aveva sei anni. Lui, Mister Amuchina, alla soglia dei cinquanta, non aveva né figli né ex mogli né ex conviventi, quindi si era dichiarato entusiasta di sperimentare per la prima volta l'ebbrezza della vita familiare. Naturalmente, come tutte le donne innamorate, avevo accuratamente evitato di interrogarmi sul perché un uomo bello, benestante e di mezza età fosse su piazza. Mi ero accontentata di un suo vago: «Non ho trovato la donna giusta». Solo dopo qualche mese avrei capito che gli uomini sopra i quaranta non sono liberi perché perfetti, ma perché dei perfetti stronzi.

Comunque, torniamo alla fase dell'idillio. Il loft di Mister Amuchina, come dicevo all'inizio, era suddiviso in tre piani. Al piano terra c'era la sala con cucina a vista. Al piano di sopra la camera da letto e lo studio, che si affacciavano sulla sala tramite una sorta di lungo ballatoio. Nel seminterrato c'era un'immensa stanza-guardaroba con manichini di design su cui appendere i vestiti, scarpiere girevoli incassate nel muro e giganteschi specchi a parete. La casa era completamente dipinta di bianco, con un solo quadro appeso al muro di un artista contemporaneo che Mister Amuchina mi spiegò valere più o meno quanto la sua macchina. I mobili della sala, tutti neri e dalle forme essenziali, erano in totale tre «per non aggiungere barriere allo spazio», diceva lui. Al centro della sala, sul pavimento, c'era una specie di rettangolo calpestabile di vetro, da cui si intravedeva il seminterrato in trasparenza. La camera da letto non aveva armadi «perché gli armadi sono antiestetici», diceva lui, ma solo mensole ridotte per appoggiare il cambio del giorno e un paio di letture serali che ovviamente non si potevano sistemare sui comodini «perché i comodini restringono visivamente il letto». Il risultato è che il loft sembrava più una sala operatoria che una casa per famiglie allargate, ma pensai che era solo una questione di tempo e assestamento e presto io e Leon avremmo trasformato il Niguarda nella casa di Biancaneve. Ero più lontana da questo traguardo che dalla Nuova Zelanda, ma non potevo neanche immaginarlo.

Il primo indizio dell'inferno in cui mi ero cacciata si palesò fin da subito. Io davo per scontato che la stanza di Leon si sarebbe ricavata nello studio al piano di sopra o in un'isola abbastanza riservata del salotto. E invece no. Mister Amuchina fu subito molto chiaro: «Non è pensabile che in un loft minimal come questo si inserisca, a vista, un lettino per bambini. Non è bello esteticamente e non è IGIENICO». Non capii dove volesse andare a parare, se intendesse che dovevo portare mio figlio in una casa famiglia e avviare le pratiche per l'adozione, se fosse destinato al mercato di organi in Brasile o se dovesse dormire fuori, sullo zerbino. «Gli ricavo uno spazio carino nella stanza-guardaroba» chiarì. Io non ebbi il coraggio di protestare e fu così che mio figlio di sei anni si ritrovò un lettino incastrato tra una scarpiera, uno specchio e un manichino senza volto alto un metro e ottanta. Ricordo che quando gli mostrai il suo nuovo giaciglio commentò impietrito: «Sembra la casa degli spettri al luna park».

Quello fu solo un assaggio. Il primo cazziatone arrivò con la mia prima lavatrice. Io avevo messo i miei neri con i suoi grigi e no, i grigi vanno con i grigi. Avevo replicato timidamente che i suoi grigi erano un pigiama Ragno del 1998 e che comunque era grigio antracite, ma non riuscii a fargli passare il cattivo umore neppure dopo cena, anche perché «non avevi chiuso bene il tappo dell'ammorbidente e se con una vibrazione della centrifuga cade per terra si insozza tutto il pavimento». La discussione, quella sera, terminò perché Leon mi chiamava a gran voce dal seminterrato. Aveva sognato che il manichino si trasformava in uno scorpione gigante e lo divorava nella scarpiera. A questo punto della storia dovrei dire quelle cose tipo «Quella notte ebbi un brutto presentimento» e invece no, avevo solo un brutto rincoglionimento, per cui a trentasei anni suonati mi convinsi di avere delle grosse lacune in economia domestica. La mia lenta discesa nell'inferno proseguì dunque con delle telefonate inquietanti a mia madre in cui prendevo il discorso alla larga: «Senti, mamma, tutto bene? Il bagno poi ha più avuto perdite dal bidet?».

«Mah, Selvaggia, veramente il bidet perdeva sei anni fa forse...»

«Ah, vabbe', comunque senti, il bidet si lava con gli stessi prodotti adatti alla vasca da bagno o meglio cambiare?»

Perché Mister Amuchina, dalla mattina dopo

lo spiacevole incidente con la lavatrice, mi aveva spiegato le sue regole base di convivenza:

a) Dopo la doccia, si doveva prendere il panno di daino nel cassetto sotto al lavandino ed eliminare TUTTE le gocce sul vetro, altrimenti si formava il calcare. L'operazione andava eseguita SUBITO, altrimenti le gocce si asciugavano, quindi ogni volta dovevo asciugare il tutto ancora nuda, cosa che mi faceva sentire molto un'eroina del car wash.

b) Il letto andava fatto al risveglio, prima della colazione, e non erano concessi innesti di qualsiasi colore alle sue parure di lenzuola rigorosamente bianche. Non erano concesse neppure lenzuola con gli elastici perché non si tiravano alla perfezione e lui non voleva vedere pieghe sul suo letto, altrimenti se le sentiva sotto il sedere tipo il pisello della principessa sul pisello e non riusciva a prendere sonno. Le lenzuola andavano cambiate a giorni alterni «perché i tessuti epiteliali morti sono mangime per gli acari». Il risultato è che ogni volta che mi facevo la manicure temevo di essere assalita da un acaro regina di sei etti.

c) Potevo lasciare qualche vestito sulla mensola in camera ma solo quelli neri o bianchi perché i colori spezzavano la scelta cromatica dell'ambiente. Cominciai a vestirmi da ultrà juventina per non dover andare ogni volta due piani sotto, nella stanza guardaroba.

d) La cucina, interamente di acciaio, andava asciugata come la doccia e comunque utilizzata il meno possibile «perché poi l'acciaio si riga». Il risultato è che iniziai ad allenarmi a tagliare le zucchine con la scimitarra, lanciandole in aria.

e) Era rigorosamente vietato lasciare piatti o bicchieri sporchi nel lavandino. Del resto, «il suono della lavastoviglie è così rilassante».

f) Era rigorosamente vietato mangiare in casa se non seduti di fronte alla tavola «perché poi le briciole chi le raccoglie?», per cui Leon, a merenda, mangiava la sua girella a capotavola, davanti a un tavolo per dodici coperti, come la regina Elisabetta a Buckingham Palace.

g) A mio figlio non era consentito giocare con qualsiasi oggetto sul pavimento, perché il pavimento era un parquet delicatissimo in rovere sbiancato e poteva graffiarlo. Una volta fu sorpreso da Mister Amuchina a giocare con una castagna che faceva roteare sul pavimento, e il frutto gli fu sequestrato con una sequela di improperi che neppure se gli avessero sequestrato una partita di cocaina dal Messico nella scatola dei Lego.

h) Le stesse regole valevano per l'automobile in cui non si poteva mangiare per non sporcare e non si potevano maneggiare oggetti duri, spigolosi o in metallo «perché potrebbero rigare il cruscotto e gli interni in plastica». Mio figlio, nei viaggi di sei ore in auto, per non sbagliare giocava con una piuma d'oca che faceva la lotta con un dischetto di cotone purissimo.

Tutto questo aveva fatto di me una persona profondamente disturbata. Senza accorgermene, iniziai ad attenderlo di ritorno dal lavoro non più in babydoll sul letto che facevo le moine, ma sulla scala in mutande che pulivo la portafinestra. Per il nostro quarto "mesiversario" gli annunciai una sorpresa che avrebbe scoperto solo entrando in bagno: no, non gli avevo comprato un rasoio elettrico. Avevo trascorso il pomeriggio con l'anticalcare e una spazzola a eliminare le fughe nere dalla doccia nelle piastrelline a mosaico da tre centimetri. Le avevo pulite tutte, una a una. Neanche a dirlo, mi rivelò che era stato il più bel "mesiversario" della sua vita.

Con Leon, in assenza di Mister Amuchina, ci concedevamo degli sgarri: io bevevo e lasciavo il bicchiere da lavare nel rubinetto, lui giocava con i dinosauri sul pavimento del salotto. Naturalmente, a trenta minuti dal suo annunciato ritorno, scattavamo in piedi come soldatini e facevamo fantozzianamente sparire tutte le tracce della nostra disobbedienza. Leon si dileguava a giocare nel guardaroba e io lavavo i bicchieri o i piatti asciugando il lavello in modo che trovasse la casa come desiderava. Con mio figlio, poi, era nata spontaneamente una specie di complicità solida e robusta, di quelle che nascono in situazioni estreme, che so, tra soldati in trincea mentre si combatte col nemico o tra scalatori in cordata sulla parete rocciosa. Ci spalleggiavamo e coprivamo a vicenda per confondere le responsabilità e uscire vivi da interrogatori fiume.

«Chi ha lasciato l'asciugamano umido sul lavandino?»

Io: «Leon, ma gli ho detto che lo toglievo io...».

Leon: «La mamma, ma le ho detto che mi serviva dopo...».

«Chi ha mangiato del pane sul divano? Ci sono delle briciole!»

«Io no!»

«Io neanche!»

«Però a un certo punto è entrata una rondine dalla finestra e c'era del pane sulla tavola!»

«Sì, è vero, l'ho vista anche io!»

Insomma, vivevamo nel Quarto Reich e non lo sapevamo. O meglio, lo sapevamo, ma io ero troppo innamorata per ribellarmi e Leon era troppo docile per protestare.

Nel frattempo, ero sempre più cupa, ansiosa, infelice.

Poi accadde l'imprevedibile. Mister Amuchina, che era un ingegnere affermato, doveva trascorrere tre giorni a Parigi. «Vi lascio a sorvegliare la casa!» mi disse poco prima di partire. Non era mai rimasto fuori a dormire e per me e Leon l'idea di avere settantuno ore e trenta a disposizione per fare una doccia senza car wash e per mangiare Ringo sul divano era un'autentica festa. I primi due giorni ci prendemmo qualche libertà, ma con una certa prudenza. Ci sentivamo come due uccelli a cui avevano aperto la gabbia dopo anni di prigionia: avevamo paura a uscire. Il terzo giorno però, sapendo che Mister Amuchina sarebbe tornato alle otto di sera, decidemmo di fare qualcosa di molto trasgressivo: una merenda in camera, sul lettone, guardando un dvd di *Godzilla*. Leon prese le patatine e i Pan di Stelle dalla dispensa e li portò su in camera. Io pensai alla sua Coca-Cola e al mio caffè americano. Misi un asciugamano sul copriletto per prevenire eventuali macchie e infilai il dvd di *Godzilla*. Ci sentivamo due adolescenti sulla statale che porta al mare con la macchina rubata a papà. A un certo punto Leon finì la Coca-Cola.

«Mamma, vado a prenderne un'altra!» mi disse precipitandosi giù dalle scale.

Io misi il dvd di *Godzilla* in pausa quando lo

sentii chiamarmi: «Mammaaaa, non trovo la Coca-Cola!».

«È nel frigo, a destra!»

«Qual è la destra?!»

Mi alzai dal letto sbuffando, con la tazza di caffè americano in mano. Mi affacciai dal ballatoio perché mi vedesse, alzai la mano destra con aria scocciata. «Questa, questa! Possibile che a sei anni ancora non sai quale sia la man...»

Ora, nella lista delle possibili opzioni su ciò che sarebbe potuto accadere in quel momento, c'erano parecchie cose preferibili a quello che accadde. La balaustra che cedeva e io che morivo sul colpo, per esempio. Il pavimento dell'appartamento del piano di sopra che cedeva all'improvviso e mi schiacciava con un tonfo netto. Un ictus fulminante. E invece no. Doveva succedere quello che accadde. Non so come, ma la grossa tazza da 300 ml contenente caffè nero americano ancora fumante mi scivolò dalle dita.

Piombò giù dal ballatoio e, con un volo acrobatico che sogno ancora nelle mie notti più oscure, si schiantò dritto sul rettangolo in vetro di 35 centimetri per 20 in una stanza da 57 metri quadri. Il vetro si crepò all'istante come colpito dalla saetta di Zeus, mentre una gettata fumante di caffè schizzò sulla parete bianca a una velocità di centocinquanta chilometri orari, colpendo con una mira da cecchino ceceno il quadro che costava come una macchina. La faccia che fece Leon è perfettamente impressa nel noto dipinto *L'urlo* di Munch, per cui non ho bisogno di aggiungere ulteriori descrizioni. Io rimasi a fissare il vuoto sotto di me come se quello che era appena successo non mi appartenesse. «Non è accaduto!»

«Non sono stata io!»

«Questo è un fenomeno di trasmigrazione delle anime, io in questo momento sono nel corpo di questa imbecille che ha lasciato cadere una tazza dal ballatoio, ma a breve farò ritorno nel corpo della dottoressa Ballarin che in questo momento legge il "Corriere della Sera" comodamente adagiata sul suo divano verde bottiglia mentre il marito le massaggia i piedi.»

Invece era successo davvero. Mi precipitai giù dalle scale. Leon fissava il vetro crepato scuotendo la testa. Io ero più concentrata sul quadro, su cui pareva avesse appena vomitato un tizio al sesto Lambrusco. Io e Leon ci guardammo in silenzio. Capimmo che la nostra complicità, questa volta, non ci avrebbe riparati dall'imminente destino.

«Mamma, che facciamo adesso?»

Un'ora dopo eravamo nella doppia vista impianto di condizionamento dell'hotel Huang-mi, gestito da una servizievole signora cinese che ci aiutò a portare i dieci borsoni preparati in fretta su nella nostra stanza. Quattro giorni dopo trovai una nuova casa in cui mettere tende colorate. Mister Amuchina mi chiamò ininterrottamente per un mese. Io pretendevo un risarcimento morale, lui un risarcimento per i costi di imbianchino e vetraio. Nessuno dei due ottenne quello che voleva. Non ci vedemmo più, benché lui ogni tanto continuasse a inviarmi dei messaggi laconici, in cui mi scriveva che gli mancava quell'amore sincero, puro, candido dell'inizio.

Peccato che di candido, in quell'amore, ci fossero stati solo i sanitari del suo bagno.

E no, Mister Amuchina non l'ho mai perdonato. («Neanche io!» ha appena detto Leon mentre gioca con un robot sul parquet mangiando biscotti.)

Mito di gioventù

La fase più scema della mia adolescenza è stata totalmente assorbita da lui. Dalla venerazione che nutrivo per il suo carisma sul palco, per la sua sfrontatezza nelle interviste, per il suo essere scarsamente adeguato alle mode del momento. Indossava giacche improbabili, cantava così così, flirtava con le telecamere con un'abilità da sex symbol consumato e sorrideva sui diari di qualche milione di adolescenti dell'epoca. Non era, forse, il cantante più amato degli anni '90, ma era sicuramente quello che nel mondo scatenava l'isteria più irragionevole e, soprattutto, le mie fantasie più improbabili. Il sogno più ricorrente era che io fossi tra il pubblico di un suo concerto – una punta di spillo in un puntaspilli pieno zeppo di spilli – e che lui mi notasse tra tutti, interrompesse il concerto rapito dalla mia beltà, annunciasse al microfono che aveva appena intravisto la donna della sua vita e indicasse me, proprio me, che a quel punto gli correvo incontro. La folla si apriva come il Mar Rosso, lui faceva un balzo felino dal palco e mi baciava appassionatamente, davanti al pubblico plaudente. Fuochi d'artificio, un cocchio bianco che ci attendeva davanti alla cassa omaggi e viaggio di nozze in Polinesia, dove io arrivavo già incinta di tre gemelli biondi bellissimi.

La realtà, naturalmente, era meno aulica. Ero stata al suo unico concerto in Italia, a Roma, e le cose erano andate più o meno così: ero arrivata con otto ore di anticipo per piazzarmi davanti ai cancelli e conquistarmi un posto prato decente, ma qualche migliaio di ragazze aveva dormito direttamente lì, quindi la fila partiva già dalla tangenziale e io ero forse destinata a vederlo da molto vicino. Il traliccio accanto ai bagni chimici, naturalmente. Era fine luglio, quindi dopo otto ore di attesa ero totalmente inebetita dal caldo e mi stavo liquefacendo come il sangue di san Gennaro. Nessuno però gridava al miracolo, bensì «famme passa'», per cui mi ero ritrovata spintonata da orde di coetanee infoiate come me ma con una maggiore resistenza fisica alle temperature medie dello Zimbabwe. La tizia accanto aveva la capacità di emettere grida che sfondavano i miei timpani e il muro del suono come i jet militari, per cui ogni volta che lui smetteva di cantare per dire qualunque cosa, io sentivo solo un «seibellissimoooooooooooooooo» che faceva scappare il bestiame dalle stalle nel raggio di duecento chilometri.

Insomma. Non solo lui non era riuscito a notare me, ma neppure io a vedere lui.

Poi finì l'epoca dei diari scolastici, dei poster di «Cioè» e dei sogni di nozze con cantanti con l'eye-liner.

Negli anni continuai ad amarlo con la dedizione di una moglie fedele, nella buona e nella cattiva sorte. Fui con lui quando la fama cominciò ad affievolirsi, fui con lui quando ingrassò, quando lo fotografarono fuori dal pub dopo qualche bicchiere di troppo, fui con lui perfino quando si sposò. Il mio amore divenne più sobrio e defilato, ma sopravvisse ai contraccolpi della sorte e all'usura del tempo. Ogni tanto leggevo un'intervista in cui raccontava la sua nuova vita, le insidie del successo, il rientro sulle scene, e pensavo che alla fine era sempre lo stesso, che la vita non ci aveva riservato l'incrocio giusto ma che io l'avrei sempre amato, col rimpianto di quello che sarebbe potuto essere.

Era un anno fa circa e dopo cena stavo scorrendo la mia bacheca Facebook in cerca di nuove ragioni per rimpiangere il telefono a gettoni, quando notai un post di lui, del mio cantante dell'adolescenza, che da un po' era approdato sui social network. C'era la foto di un'abbazia e lui che sorrideva seduto su un gradino con una T-shirt bianca di un paio di taglie in più rispetto a come lo ricordavo. Il messaggio sotto la foto era sintetico: "Chi indovina dove sono?". C'erano già seicento commenti. Guardai la foto con più attenzione. Io conosco quel posto e lo conoscevo anche bene. Lui era in Italia, nel viterbese, perché quella era senza ombra di dubbio l'abbazia di San Martino al Cimino. Lo sapevo perché da bambina, in quella zona, mio padre mi portava spesso per le nostre consuete gite fuori porta. Diedi un'occhiata ai commenti. Erano quasi tutti di stranieri che buttavano lì nomi a caso di località francesi e spagnole. C'era anche qualche italiana che aveva azzardato il nome di abbazie toscane e marchigiane e una tizia che ipotizzava intrepida "Po' esse la Maggic Haus di Gardaland?", ma "San Martino al Cimino" non l'aveva ancora azzeccato nessuno. Scrissi *"It's San Martino al Cimino, I'm sure!"*. Chissà cosa ci faceva lì, il mio mito d'infanzia. Me ne andai a dormire con questo interrogativo e la mattina, appena sveglia, andai a controllare quel post. Non mi aveva risposto. Sapevo di aver indovinato ma non mi aveva filata. Eppure aveva scritto "Wrong!" sotto svariati commenti, ma il mio lo aveva imperdonabilmente ignorato. Ingrato. Venticinque anni d'amore silenzioso e ormai composto e neanche uno straccio di considerazione. Sconsolata, passai a controllare la posta. Vidi il suo nome e cognome tra i mittenti. Sentii il cuore sobbalzarmi violentemente in gola, come un rigurgito di latte improvviso. Lui che scriveva a me. Aprii quel messaggio con posata riverenza. "Brava, hai scoperto dove sono... come hai fatto?".

"Diciamo che sono di quelle parti... Ma cosa ci fai lì?" risposi in una specie di stato di trance ipnotica.

"Sto girando un video a Viterbo, ero venuto a fare un giro... Anzi, perché non passi sul set? Almeno ci salutiamo dal vivo!"

Vidi le pagine del mio diario di quarta ginnasio scorrermi davanti: la sua foto con scritto sopra "L'amore è come un trifoglio: ti amo, ti penso, ti voglio!", la sua foto con la mia bocca col rossetto stampata sopra, la sua foto con la mia foto incollata sopra in cui sembrava che fossimo su un red carpet insieme. Vidi scorrermi davanti l'immagine di quella sera a tavola in cui io e i miei genitori iniziammo infinite trattative per poter andare al suo concerto. Vidi quel biglietto rimasto in una teca sopra la testata del mio letto per oltre dieci anni. E mentre i frammenti di un amore sospirato per anni mi passavano davanti come i fotogrammi di un film in bianco e nero, non riuscivo a togliermi dalla testa il succo della faccenda: lui mi aveva appena offerto la possibilità di andare a stringergli la mano. LUI. LUI A ME, non io a lui. Che galantuomo. Avevo fatto bene a custodire quell'amore per tutti questi anni. C'era solo un piccolo particolare: io ero a Milano e stavo conducendo un programma radiofonico quotidiano, non potevo muovermi. Gli risposi affranta: "Sarebbe bello, ma purtroppo lavoro in radio tutti i giorni a seicento chilometri di distanza, altrimenti sarei passata senz'altro!". Dopo cinque minuti mi arrivò la sua risposta. Ma che carino, si disturbava perfino a replicare a un mio "Mi dispiace".

"Hai vinto un contest, non puoi non ritirare il premio per la vittoria, dai Selvaggia, *come here!*"

Pensai che forse aveva visto *La dolce vita* un paio di volte di troppo, ma era comunque di una gentilezza commovente. E poi non se la tirava affatto. Ma tu pensa, LUI che invitava me a salutarlo.

"Non avevo capito che fosse un contest con dei premi, dimmi che c'era in palio il tuo primo 45 giri autografato, quello con la copertina in cui saltavi in piedi dalla sella di un cavallo, e io vengo giù di corsa!" gli risposi scherzando. Passarono cinque minuti. Dieci. Venti. Pensai che avevo avuto la mia parentesi di felicità. Che era stato bello affacciarmi alla sua vita, anche se per poco, dopo tanto fantasticare. Invece riapparve il suo nome tra i mittenti. Aprii il messaggio con la frenesia di un bambino che scarta i regali di Natale.

"Guarda che premio ti perdi, baby!"

Allegata, la foto del suo regale augello.

Venticinque anni d'amore romantico e coriaceo polverizzati in un istante. Il cantante all'altare del quale avevo immolato i pensieri più romantici dell'adolescenza e i più nostalgici dell'età adulta era un banale, annoiato, volgare uomo di mezza età che faceva selfie al suo pisello e li inviava, presumibilmente, alle sue fan più fedeli e perseveranti. Insomma, il mio amore mai dimenticato era un immenso, monumentale, immane sfigato. Lo bloccai su Facebook e cancellai quella foto per non avere la squallida tentazione di postarla sulla sua pagina fan popolata da migliaia di sceme nostalgiche come me accompagnata dalla scritta "A quanto pare non gli si è afflosciata solo la fama". Capii, quel giorno, che i miti sono come le stalattiti: se non vuoi vederli annerire all'istante, non li devi toccare.

E no, questa cocente disillusione non gliel'ho mai perdonata.

Suor Clelia

Ognuno di noi, da bambino, ha avuto paura di qualcosa. Chi del buio, chi delle streghe, chi del temporale, chi dei cani, chi dell'acqua, chi di Godzilla. Chi, perfino, dei propri genitori.

Io, da bambina (e poi da ragazzina), ho avuto paura solo di lei, della donna che ha rappresentato il mio incontro con l'autorità fuori dal contesto familiare: Suor Clelia.

Suor Clelia era la preside dell'istituto religioso gestito interamente da suore che ho frequentato per ben nove anni, dall'asilo alla terza media. L'istituto era privato, godeva della fama di migliore scuola di Civitavecchia ed era inevitabilmente popolato dalla meglio gioventù della mia cittadina. E per meglio gioventù si intendeva ovviamente quella con i genitori col meglio conto in banca. I miei genitori non erano particolarmente benestanti né particolarmente timorati di Dio, per cui ancora oggi non mi è ben chiaro perché mi avessero destinata a quella scuola, ma attualmente ho un figlio di dodici anni neppure battezzato, per cui è evidente che qualcosa non abbia funzionato.

Per spiegarvi il clima di democrazia che si respirava lì dentro provate a immaginare l'istituto di suore irlandesi del film *Magdalene*, però in Corea del Nord con Vladimir Putin eletto preside.

L'aspetto subdolo di quella scuola, però, è che non te ne accorgevi subito. O meglio, non te ne accorgevi subito se, come nel mio caso, mettevi piede in quell'istituto fin dai sei anni, perché il passaggio dal semplice regime autoritario alla dittatura più dispotica era graduale e studiato con sinistra astuzia. All'asilo, le suore erano piuttosto miti. L'unico episodio traumatico fu il mio presunto furto di una capra dal presepe di classe e un interrogatorio fiume subìto per farmi confessare. Numerosi indizi pendevano sul mio capo:

a) Sognavo da sempre di essere Heidi e di vivere in un mondo interamente abitato da caprette a cui fare ciao ciao.

b) Ero l'unica che abitava in campagna, in una zona parzialmente colonizzata da pastori sardi, quindi avevo familiarità con le capre.

c) Ero la sola alunna che non possedeva l'intero reparto giocattoli dell'unico negozio di giocattoli di Civitavecchia.

E infatti a rubare la capra ero stata io. Me l'ero infilata in tasca sottraendola a un destino solitario sul cocuzzolo dell'unica montagna di cartapesta innevata con farina 00 e l'avevo tenuta nascosta nella cartella ignorando il fatto che l'abigeato da presepe, per le suore, fosse un peccato di quelli per cui Gesù era salito sulla croce. Perché così mi disse la suora: «Lo sai che uno dei chiodi sulla croce di Gesù gliel'hai piantato tu, se hai rubato quella capra?». A quelle parole, rilasciai una confessione piena e dettagliata con consegna immediata della refurtiva, ormai convinta, a cinque anni, di essere il più bullo dei centurioni. Ancora oggi, quando infilo la saponetta dell'hotel in valigia, sento il rumore del martello sul legno e il fruscio delle foglie d'ulivo sulla collina del Golgota.

Il bello, però, doveva ancora venire. Alle elementari fu subito chiaro un concetto essenziale: se volevi superare l'infanzia senza dover spendere un mutuo in psicanalisi dai vent'anni in poi, dovevi studiare. Suor Ada, la nostra insegnante, era infatti seguace di una speciale branca anglosassone del metodo Montessori denominata

"Forget Montessori", che consisteva nel seguente dettame: «'Sti cazzi del metodo Montessori, se non studi ti meno».

E non era un modo di dire. Suor Ada menava sul serio. Entrava in aula nella sua veste blu notte, sedeva in cattedra, si sfregava le guance perennemente rossastre con le sue mani ossute e, dopo una veloce occhiata al registro, pronunciava il nome dell'interrogato del giorno. Non c'era alcun modo di prevedere a chi sarebbe toccato, perché Suor Ada, con un sadismo che nella vita ho ritrovato solo in un ex fidanzato che mi mostrava le foto della sua ex e la sua ex era una testimonial di Yamamay, poteva interrogare lo stesso bambino anche tre, quattro volte di seguito, godendo nel vedere la sua faccia atterrita quando veniva chiamato. Se avevi studiato, ti invitava a tornare al tuo posto senza tanti complimenti. Se non avevi studiato, c'erano due opzioni tra cui lei sceglieva al momento: o lo schiaffone a mano aperta o la bacchetta di legno chiaro, che estraeva come una furia da un cassettino della cattedra. Simone Carini era il campione olimpico di vessazioni subite. Simone era un bambino minuto e timidissimo, con un'attitudine per lo studio simile a quella di Donald Trump per il commercio equo e solidale. Suor Ada lo odiava come se il povero Simone avesse scritto un vangelo apocrifo di suo pugno e si fosse messo a distribuirlo in volantini a puntate fuori dalla classe. Davvero. Non so quali frustrazioni o mancanze proiettasse su quel povero bambino, se fosse il bambino che non aveva mai potuto avere o il compagno di classe che avrebbe voluto uccidere, fatto sta che quando Suor Ada entrava in classe con l'espressione più corrucciata del solito noi sapevamo già cosa sarebbe accaduto di lì a poco: avrebbe gonfiato Simone come una zampogna. Una volta, per un «7X7?» «88!» il povero Simone prese uno schiaffo talmente forte che si sentì male.

Lo facemmo sdraiare su due sedie quasi privo di sensi, paonazzo per la vergogna, con Suor Ada che cercava di minimizzare, affermando che era tutta una scena per non studiare le tabelline. Al ritorno da scuola, quel giorno, studiai anche la tabellina del 27.

Oggi, episodi del genere finirebbero in cronaca il giorno dopo. All'epoca, nessuno se ne lamentava, anche perché credo che nessuno di noi raccontasse nulla ai genitori. Io, per esempio, avevo talmente paura della bacchetta di legno e del suono secco che emetteva sulle nocche del malcapitato di turno, che sviluppai uno spiccato senso del dovere e una vocazione religiosa che prometteva una grande carriera in qualche ordine monastico. Posso affermare con certezza che per gli otto anni delle elementari e medie fui sempre la prima della classe non per essere istruita, ma per non essere menata. Non era cultura, era sopravvivenza. Con questi solidi principi, divenni ben presto la cocca di tutte le suore, compresa Suor Ada. Ad appena sei anni, su di me, c'era un carico di aspettative che neppure sul piccolo Buddha. Era infatti evidente che non solo mi sarei fatta suora, ma che ero anche la candidata perfetta a perseguire progetti di santità. Ero sufficientemente sfigata, mite e suggestionabile da dare l'idea di poter essere convinta con una certa facilità a fare qualsiasi cosa. Le suore mi avevano messo in testa che non esisteva una santa col mio nome e che quindi, rigando dritta, avrei potuto conquistare una casella a me dedicata sul calendario da muro. Santa Selvaggia. Tutte le Selvagge del mondo mi sarebbero state grate e riconoscenti, qualcuno mi avrebbe intitolato un istituto di orfanelli in Africa, la mia casa natale avrebbe avuto pullman di pellegrini parcheggiati di fronte per i secoli a venire e quel mio neo sulla guancia che per i miei coetanei era cacca di topo sarebbe finito in un barattolo sotto formalina e conservato in una teca del duomo di Civitavecchia in quanto sacra reliquia. Insomma, se durante l'infanzia avete sentito il peso di aspettative tipo: «Sarà una grande ballerina come sua sorella» o: «Diventerà uno scienziato come suo papà», sappiate che io mi sentivo dire tutti i giorni: «Diventerai una santa come Maria Goretti». Poi ci si chiede perché oggi mi manchi solo di dichiarare guerra al Giappone.

Fu così che cominciai a farmi regalare la Bibbia a fumetti anziché la Barbie, che rompevo il mio salvadanaio per destinare i risparmi alle suore missionarie e che a catechismo non mi limitavo a conoscere la parabola del pane e dei pesci, ma pure l'esatta ricetta del pane nella Galilea prima di Cristo.

Le elementari terminarono, Simone Carini cambiò scuola e forse anche città e sesso per non farsi più trovare da Suor Ada e io pensai che le medie, senza quella bacchetta di legno e le interrogazioni sadiche, sarebbero state tutte in discesa.

Potevo coltivare l'illusione perché fino a quel momento mi era sfuggito un particolare: l'ala della scuola che ospitava le medie e le magistrali era separata dal resto dell'istituto. E lo era non a caso: quello era territorio di Suor Clelia, la preside. Suor Ada, in quell'area, contava quanto le Barbados al G8. Suor Clelia, fino alle elementari, era stata per noi alunni una creatura evanescente. Di rado appariva nei corridoi della nostra ala e solo per comunicare qualcosa alle suore, per poi sparire nel suo regno senza degnarci di uno sguardo. L'unica cosa che ci colpiva era l'aria improvvisamente docile e sottomessa che assumeva Suor Ada quando se la vedeva arrivare all'orizzonte. Scoprimmo dopo che era quel genere di sottomissione che ha il cucciolo di Alien quando vede mamma Alien, ma eravamo troppo piccoli per sospettarlo.

Suor Clelia aveva scelto di presidiare quella zona dell'istituto per un motivo molto semplice: detestava tutte le creature di sesso femminile che popolavano la Terra. Detestava qualsiasi individuo in odore di menarca e post menarca si aggirasse nella sua scuola. Odiava poi, con maggior vigore, qualunque ragazzina o ragazza evocasse una qualche idea di sensualità. Le bambine delle elementari erano ancora troppo lontane dall'essere donne per meritare il suo odio. Lei doveva presidiare quelle dalla pre-adolescenza in poi.

Era iniziato il peggior incubo della mia vita scolastica e lo ignoravo beatamente.

La prima regola di Suor Clelia prevedeva l'utilizzo obbligatorio di pantaloni blu, camicia bianca, maglione blu e fiocchetto di velluto sempre blu da allacciare al collo (solo per le femmine, naturalmente). In pratica, ci voleva già vestite da suore a undici anni. Nei giorni in cui avevamo educazione fisica dovevamo indossare una tuta blu con tre righe bianche laterali. Ne conseguiva che i benestanti si compravano le tute Adidas e quelle come me delle tute acriliche che a ogni caduta sul pavimento in gomma della palestra rischiavano l'autocombustione. Io detestavo con particolare ostinazione quel fiocchetto di velluto blu. Dovevo salire tutte le mattine sull'autobus zeppo di coetanei di vari istituti e mi vergognavo come una ladra. Conciata così, sembravo la foto sulla lapide di una bambina dell'Ottocento in età scolare morta di tisi.

Alle classi si accedeva tramite una lunga scala che terminava esattamente davanti all'ufficio della preside. Suor Clelia, di tanto in tanto, alle otto precise si piazzava in cima alla scala e, affacciata alla balaustra, ci guardava sfilare. Ci scrutava per cogliere in fallo qualcuno di noi e lo sapevamo. Bastava una camicia color crema anziché bianca cangiante, un fiocchetto allacciato male o la tuta con una banda bianca anziché tre per essere quella su cui puntava il dito una volta arrivata in cima alle scale: «TU, in presidenza!». Perché sia chiaro, toccava quasi sempre a noi ragazze. I ragazzi, ovviamente, la passavano quasi sempre liscia.

Suor Clelia, a differenza di Suor Ada, non menava. La sua crudeltà non aveva nulla di rozzo o di impulsivo. Era crudele in maniera più sottile e studiata, tant'è che nel giro di un mese rimpiangevamo tutti la bacchetta di legno e gli schiaffi che facevano rumore.

Suor Clelia era specializzata in quella materia in cui vanno forte i sadici professionisti: la mortificazione. A seconda della piaga in cui sapeva di poter affondare il dito trovava l'umiliazione giusta. A quella brutta diceva: «Pensi di riuscire a essere più carina con quella camicetta attillata?». A quella con la famiglia meno abbiente: «Dove pensi di andare con quei pantaloni da stracciona?». A quella timida da farsela nei pantaloni diceva una qualsiasi cosa a caso, ma fuori dalla presidenza, così che potesse vergognarsi un po' di più. Io avevo così paura di lei che certi giorni, convinta di avere qualcosa fuori posto, mi consegnavo spontaneamente come i tedeschi nei lager liberati. Bussavo alla porta della presidenza e dicevo, che so: «Preside, mi perdoni, ma oggi la mia tuta blu era ancora umida sul termosifone e avevo solo questa azzurra asciutta...». Oppure: «Preside, mi scusi ma mia madre mi ha comprato questa camicia bianca con un fiorellino cucito sul taschino, non sapeva che doveva essere tutta bianca, la posso tenere?».

La sua risposta variava a seconda dell'umore del giorno. Quando girava bene rispondeva con un secco: «Non sono giustificazioni accettabili, vai fuori!». Quando le girava male si alzava in piedi e sibilava cattiverie di ogni sorta. Ogni volta che uscivo da quella presidenza la mia fede e i miei propositi di farmi suora travagliavano un po' di più. Alla fine delle medie non sarei più stata il crociato, ma il feroce saladino, solo che ancora non lo sapevo.

Poi c'erano le irruzioni in classe. Tu te ne stavi lì, seduta in santa pace ad ascoltare la lezione di italiano e Suor Clelia, come una folata di vento gelido, spalancava la porta senza bussare: «Tutti i diari sul banco, subito!». Li ritirava in silenzio e se li portava via, in presidenza, per analizzarli uno a uno. Quello che cercava Suor Clelia era la prova scritta e inconfutabile della debolezza della nostra carne. Bastava la foto di un calciatore o di un cantante e un cuoricino disegnato sopra o un innocente "Marco ti voglio bene" per essere convocate in presidenza ed essere trattate come le peggiori sgualdrine dell'alto Lazio. Col tempo, imparammo ad aggirare l'ostacolo. Quasi tutti avevamo il doppio diario: quello con i compiti, le foto di Antonio Cabrini e le scritte "Ti amo" a incorniciare la figurina Panini e quello con i compiti e basta, che consegnavamo a Suor Clelia in caso di perquisizione. In terza media, fummo miseramente scoperte. Paola aveva lasciato distrattamente entrambi i diari sul banco e durante una perquisizione lampo le furono portati via tutti e due, senza che potesse nasconderne uno nello zaino. Erano le nove del mattino e quando ci spiegò cosa era appena accaduto passando la voce di banco in banco capimmo che la nostra ora era arrivata. Che nessuno sarebbe uscito vivo o deambulante dalla presidenza. Che l'espressione "timorato di Dio" da quel giorno sarebbe diventata "timorato di Suor Clelia". Alle ore 9,23 la porta si spalancò. Suor Clelia non aveva sembianze umane. Era la cosa più vicina a Voldemort che avessi mai visto e considerate che la Rowling non aveva ancora scritto *Harry Potter*. I suoi bulbi oculari roteavano come nell'oblò di una lavatrice. Le labbra erano sottili e protese come se stesse per sputarci addosso un acido corrosivo che ci avrebbe liquefatti tutti all'istante. L'insegnante di matematica, che ci stava spiegando le frazioni, si nascose sotto la cattedra, come durante l'esercitazione per il terremoto che avevamo fatto il giorno prima. Io ritrovai la fede, che ormai vacillava da tempo, e in vista del mio imminente ricongiungimento con Lui, implorai Nostro Signore di assolvermi dai miei peccati, compreso il furto della capra nel presepe che comunque – e ancora oggi la considero un'attenuante – avevo strappato alla solitudine di quella montagna di cartapesta.

«Tutti gli zaini immediatamente qui, sulla cattedra, ora!» sibilò Suor Clelia.

Ancora oggi, ogni volta che un addetto ai controlli dell'aeroporto mi apre una valigia con l'aria brillante di quello a cui non sfuggirebbe un grammo di coca in una tonnellata di fecola di patate, io rivedo Suor Clelia quel giorno e penso: "Stupido dilettante". I nostri zaini furono perquisiti uno a uno e i doppi diari sequestrati per sempre. Tutti, tranne uno. E qui veniamo all'episodio che mi fece appendere definitivamente ogni ambizione di santità al chiodo. Finito di perquisire gli zaini, Suor Clelia ci contò. Io pensavo che volesse abbinarci dei numeri ed estrarre a sorte i tre che avrebbe arso vivi nel cortile della scuola per ritorsione, invece voleva semplicemente capire se mancasse qualche doppio diario all'appello. Per la precisione, noi eravamo ventiquattro e i doppi diari sequestrati erano ventidue. Ne mancavano due. Luisa si alzò in piedi di scatto e consegnò il diario nascosto sotto il sedere prima che le toccasse una rettoscopia punitiva.

«Ti credi furba, sei solo una sciocca troppo bassa per spiccare in qualcosa!» disse Suor Clelia alla nostra compagna bassina, con la sua proverbiale umanità. Luisa tornò al suo posto in silenzio. Piangeva. Poi avvenne l'impensabile. Guido, che sedeva alla mia destra accanto al muro, si alzò in piedi di scatto e, con un gesto secco e rapidissimo, lanciò il suo secondo diario dalla finestra spalancata, dal lato opposto dell'aula. Eravamo al terzo piano e sotto di noi c'era una delle strade principali di Civitavecchia. Quel diario che vola sulle nostre teste davanti allo sguardo sbalordito di Suor Clelia è un'immagine che non ho mai dimenticato. Se il sequestro dei secondi diari mi era parso l'anticamera dell'inferno, quello era il nono girone. A quel punto, nessuno di noi aveva idea di cosa potesse accadere. Suor Clelia aveva il suo primo buon motivo per punirci e aveva tra le mani il primo alunno seriamente responsabile di un gesto sconsiderato.

E invece, con nostra grande sorpresa, non accadde un bel niente. O meglio, accadde che tutti ci beccammo una nota, che i genitori di due mie compagne furono convocati perché dai loro diari risultavano essere "fidanzate" e che Guido, quella mattina, fu invitato ad andare in presidenza.

Alcuni di noi avevano puntato cento lire sulla sua sospensione, altri sull'espulsione definitiva dalla scuola, altri sul suo scalpo esposto sulla balaustra entro mezzogiorno. Al suo ritorno, invece, Guido sorrideva: «Mi ha detto che sono il solito scavezzacollo, ma uno scavezzacollo simpatico!».

«E?»

«E basta!» ci rispose Guido mentre tornava gongolante al suo posto.

Guido era un maschio, questo era il punto. E Suor Clelia, per i maschi, aveva sempre l'assoluzione pronta nel taschino del suo gilet di lana grigia.

Da quel momento, cominciai a notare tutto. Il suo accanimento nei confronti delle ragazze più carine, il controllo ossessivo che esercitava su quelle delle magistrali, che erano quelle più grandi, più sviluppate e più vessate. Seppi che un paio di loro, un sabato pomeriggio, erano state viste da Suor Clelia sul lungomare con i loro ragazzi e il lunedì successivo, convocate in presidenza, erano state apostrofate come "prostitute". Vidi, un giorno, la più carina delle superiori che veniva trascinata in bagno da Suor Clelia. Aveva messo dell'ombretto sugli occhi. Finì con la testa sotto al lavandino.

La scuola stava per finire, io avevo una camicia gialla Naj-Oleari con le automobiline, che la mia generosa zia milanese mi aveva regalato per la Cresima. La camicia Naj-Oleari era il sogno di tutte le ragazzine dell'epoca e stiamo parlando dell'epoca dei paninari, quella in cui se non possedevi qualcosa di Naj-Oleari eri tagliata fuori dalle comitive che contavano. Il solo negozio che la vendeva, nel 1987, era a Milano, quindi ero l'unica ad averla a Civitavecchia. Era la prima volta che possedevo qualcosa di marca ed era la prima volta che sentivo di essere arrivata prima nel segmento "superfluo" del mio istituto. Fino a quel giorno ero sempre stata quella con la tuta Diadas, anziché Adidas.

E così, in terza media, un lunedì mattina di fine maggio, mi presentai a scuola con la camicia gialla con le automobiline. Feci le scale senza mai guardare su, per scoprire se era una di quelle mattine in cui Suor Clelia era affacciata alla balaustra. Le mie amiche che mi vedevano salire senza la divisa d'ordinanza mi chiedevano prima se ero matta, poi dove diavolo avessi comprato quella camicia. Feci l'ultimo gradino convinta di averla scampata, e invece la porta della presidenza si spalancò. Mi sentii gli occhi di Suor Clelia addosso. «Lucarelli, in presidenza, subito!» Non mi voltai neanche. «Lucarelli, ho detto in presidenza, subitoooo!»

Proseguii dritta, impaurita ma determinata a non cambiare strada. Suor Clelia, forse perfino più sorpresa che arrabbiata, mi lasciò andare. Una settimana dopo feci l'esame di terza media e fui promossa col massimo dei voti. Quando venne in classe, a salutarci uno a uno, strinse la mano a tutti tranne a me. Eravamo schierati in fila e con fredda disinvoltura mi saltò, come fossi il cactus di fianco alla cattedra. Aveva intuito il mio disprezzo, e questo – non quel voto sulla pagella – fu il modo migliore di lasciare quella scuola.

No, Suor Clelia non l'ho mai perdonata. Non ho mai più indossato un paio di pantaloni blu. E mi spiace, ma ho paura che per regalare un onomastico alle Selvagge di tutta la penisola dovrà impegnarsi scrupolosamente una mia omonima.

Ringraziamenti

Nella mia vita, per fortuna, non ci sono solo infami, ma anche persone che contribuiscono nei modi più creativi a rendermi una persona migliore. Ringrazio perciò Niccolò Vecchiotti e Francesco Facchinetti, per l'affetto, l'intelligenza e i consigli sinceri. E le note vocali, che non mancano mai. Ringrazio Marco Travaglio, perché è il direttore più figo che si possa avere. Ringrazio mio fratello Fabio, perché la sua vita regala sempre aneddoti insuperabili. Ringrazio mio fratello Brando, per cui non faccio abbastanza, e lo so. Ringrazio Petra e Andre, perché mi vogliono bene, nonostante i tanti "Siete amici di quella?!". Ringrazio Ivan, perché siamo distanti, ma "la lontananza sai, è come il vento…", anche in amicizia. Ringrazio Ivana, a cui nella mia vita non serve neppure esserci, per esserci. Ringrazio Barbara, con cui abbiamo un appuntamento a Chelsea per andare a citofonare a Mika. Ringrazio Sabrina Ferilli, perché mi ha spiegato tante cose di me, con generosità. Ringrazio Davide Maggio, Riccardo Panzetta, Ale, Cristina e Fabio. E il loro piccolo Giulio. Ringrazio Milly e Giancarlo, perché sono due persone perbene in un mondo di belve feroci. Ringrazio i miei genitori, che sono i miei primi, appassionati lettori, e i genitori dell'uomo che amo, Andrea e Lorenza.

Ringrazio per ultimi, ma più di tutti, Rossella e Luca. Perché nessun uomo, sotto casa, mi ha mai aspettata per più di dieci minuti. Voi siete rimasti lì, pazienti, un bel po' di più.

Indice

Introduzione	11
Susanna Di Lello	15
La mamma di Nicoletta	37
Il ragazzo della funivia	69
L'uomo con la Mini grigia	95
Il parrucchiere anarchico	111
Miss San Giacomo di Roburent	131
Il ragazzo gentile	153
Mister Amuchina	159
Mito di gioventù	179
Suor Clelia	189
Ringraziamenti	213

Finito di stampare nel mese di luglio 2017
presso Grafica Veneta S.p.A., Trebaseleghe (PD)